Gabriel Fauré
50 Songs

High Voice

Edited by Laura Ward and Richard Walters

translations by Perry Gethner

On the cover: Georges Seurat, French, 1859-1891, *A Sunday Afternoon on La Grande Jatte* - 1884, oil on canvas, 1884-86, 207.5 x 308 cm, Helen Birch Bartlett Memorial Collection, 1926.224 © 1995, The Art Institute of Chicago, All Rights Reserved.

ISBN 0-7935-3406-2

7777 W. Bluemound Rd. P.O. Box 13819 Milwaukee, WI 53213

Contents

Alphabetical by song title

Preface

Gabriel Fauré (1845-1924) composed approximately 100 songs throughout his life. His first works for voice and piano date from his student days at the École Niedermeyer. At this point he was most attracted to the romantic poets, such as Victor Hugo. These early songs can be termed *romances*, are generally strophic in form, and include "Mai," "Dans les ruines d'une abbaye," "Rêve d'amour," and "Les Matelots." Fauré's most important advance as a song composer with a more mature, personal style came with "Lydia," composed c1870. In the 1880s he was drawn to the symbolists, the Parnassian poets and, most profoundly, to Verlaine. The composer's song composition became more bold in the 1890s, evidenced by his cycle *La bonne chanson.* The music for voice composed in his later years, after the turn of the century (when Fauré began to suffer from deafness, probably due to arterio-schlerosis), became more sparse and economical. He continued in his own highly personal compositional style, ignoring the dramatic changes in music brought on by Schoenberg, Stravinsky, and others, though he was well aware of their music (he was critic for *Le Figaro* from 1903-1921), and most often admired it.

Fauré's songs were originally published in three collections of 20 songs each. (The second collection originally contained 25 songs, but upon the appearance of the third collection, recompilation occurred, putting the second collection back to 20 songs.) These collections were published by Hamelle, the first in 1879, the second in 1897, and the third in 1908. Prior to the publication of the first collection, some of Fauré's songs had been published individually previously, but Hamelle bought all previous rights. Specific inclusion of a song in these three original collections is indicated in the individual song notes that appear in this edition. Fauré made very little money from his song compositions, and sold them outright for about 50 francs each for all publishing rights. The composition dates of the early songs are only approximate. His publisher asked him to retroactively assign opus numbers to the earlier songs upon their publication in the first collection of 1879. Fauré's memory was unclear about dates on many such songs. After publication he destroyed many manuscripts, so there are few clues for researchers. The tempo markings that appear in this edition are Faure's own, which he added at the point of publication.

As a composer, Fauré worked slowly and was self-critical. He relied on the reactions to his work of his colleagues and friends, mainly fellow composers with whom he was friendly. He admitted that at times he felt that his slow, detailed approach to composition may have stifled spontaneity. In setting a poem, he didn't hesitate to omit verses or change words to suit his concept. Some of the small changes of words are undoubtedly oversights, but the majority were deliberate. He chose poems primarily for their pliability. Fauré said of his song composition, "I seek above all to extricate the general feeling of a poem, rather than to concentrate on its details."

Compositionally, harmony was Fauré's natural priority. His style was a fresh, free, approach to tonal harmony, often freely using modes to achieve flow, fluency, and ambiguity. Fauré was certainly a great melodist, but his melodies grow from the harmony, rather than standing on their own. He was somewhat of a neo-classicist in temperament, striving for a clarity of form, continuity, and craftsmanship. As a composer he valued nuance, subtlety, restraint, discretion, naturalness, sincerity, sensibility, an easy sophistication, and elegance. These aesthetic values are reflected in his writing for the voice, rarely going beyond a moderate vocal range. His songs only rarely include extroverted romantic drama (for instance, "Fleur jetée" and "Toujours"). He detested verismo, sentimentality, the superficial, or anything excessive. He worried about repeating himself, but continued to be drawn to the same aesthetic approach throughout his career. It's interesting to note that although Fauré was described as a man with a lively sense of humor by those who knew him, he did not choose to write songs that were overtly witty, as did some of the *Lieder* composers. Because of various factors, including academic responsibilities, he composed primarily only during summer vacations throughout most of his life.

The songs were performed primarily by the composer's friends and patrons, most often in salons and in performances of the Societé nationale de musique. This was a close-knit circle of composers and musicians founded in 1871 by Saint-Saëns, Romain Bussine, Franck, D'Indy, Lalo, Massenet, Bizet, Guiraud, Duparc, and Fauré, with the purpose of furthering the works of the composer-members. Fauré's songs were rarely sung by celebrity singers of the time, especially before 1900. On more than one occasion he cautioned singers not to take his "slow" songs too slowly. Fauré was a good pianist, though not a virtuoso. He was admired as an interpreter of his own work, and loved to accompany his songs throughout his life, even after he was completely deaf. As a pianist, he was described as having powerful hands, a quiet nature at the keyboard, and a clarity of style that was out of fashion with the more dramatic and romantic piano performance style of his time.

Celebrity came late for Fauré. His output, including music in all media, was known only to a small circle of Parisian society prior to about 1895. At about the age of 50 he began to be recognized more widely in France as a major musical figure. Even at his death he was virtually unknown outside his own country. His output includes work of consistently high quality for orchestra, for chamber ensembles, and choral works (including the well-known Requiem). His opera *Pénélope* is certainly a masterwork, though neglected. Without question is his unqualified place as the quintessential master of French art song. Most would agree that there is no other composer in France's history who more eloquently captured her Gallic voice in song.

In all cases the poems are presented as they appeared when first published as poetry, retaining the layout, the punctuation, and the original titles. Any changes by Fauré to the poems' texts are noted.

original key: F major

Mai

1862?

poem by Victor Hugo

Op. 1, no. 2. (The opus number was added at the request of Fauré by his publisher, Hamelle, in 1896; see Preface for further information.) Dedicated to Madame Henri Barnier. Published by G. Hartmann, 1871; Choudens, 1877; Hamelle, 1887; first collection, no. 2. First performance, Société nationale de musique, March 22, 1873, Félix Lévy, tenor.

Mai

Puisque mai tout en fleurs dans les prés nous réclame,
Viens! ne te lasse pas de mêler à ton âme
La campagne, les bois, les ombrages charmants,
Les larges clairs de lune au bord des flots dormants,
Le sentier qui finit où le chemin commence,
Et l'air et le printemps et l'horizon immense,
L'horizon que ce monde attache humble et joyeux
Comme une lèvre au bas de la robe des cieux!
Viens! et que le regard des pudiques étoiles
Qui tombe sur la terre à travers tant de voiles,
Que l'arbre pénétré de parfums et de chants,
Que le souffle embrasé de midi dans les champs,
Et l'ombre et le soleil et l'onde et la verdure,
Et le rayonnement de toute la nature
Fassent épanouir, comme une double fleur,
La beauté sur ton front et l'amour dans ton coeur!

May

Since May in full flower in the meadows is calling us,
Come, do not weary of mingling your soul
With the countryside, the woods, the charming shadows,
The wide patches of moonlight by the shore of the sleeping billows,
The path that ends where the road begins,
And the air and the spring and the immense horizon,
The horizon that this world attaches, humble and joyful,
Like a lip to the bottom of the sky's dress.
Come, and may the gaze of the chaste stars
Which falls upon the earth through so many veils,
May the tree, penetrated with scents and songs,
May the blazing breath of noon in the fields,
And shadow and sun, water and greenery,
And the radiance of all nature
Make, like a double flower,
Beauty blossom on your forehead and love in your heart!

11
La cam-pa - gne, les bois, les om-bra - ges char - mants, Les lar-ges clairs de
sempre p
16
lune au bord des flots dor - mants, Le sen-tier qui fi - nit
R.H.
21
où le che-min com - men - ce, Et l'air et le prin - temps
mf
25
rall.
a tempo
p
cresc.
et l'ho-ri-zon im - men - se, L'ho-ri-zon que ce monde at - tache humble et joy-

30
f
rall. e dim.
a tempo
eux Comme u - ne lèvre au bas de la ro - be des cieux!
f
rall. e dim.
p
35
p
Viens! et que le re - gard des pu - di - ques é - toi - les
40
Qui tom-be sur la ter - re à tra-vers tant de voi - les, Que l'ar-bre pé-né -
45
tré de par-fums et de chants, Que le souffle em-bra - sé de mi -

50
di dans les champs, Et l'om-bre et le so-leil et l'onde et la ver-
55
rall.
du - re, Et le ray-on-ne-ment de tou-te la na-tu-re
rall.
60
a tempo
cresc.
f
Fas - sent é-pa-nou-ir, comme u - ne dou-ble fleur, La beau-té sur ton
cresc.
f
65
rall. e dim.
front et l'a-mour dans ton coeur!
rall. e dim.

original key

Dans les ruines d'une abbaye

c1865

poem by Victor Hugo

Op. 2, no.1. (The opus number was added at the request of Fauré by his publisher, Hamelle, in 1896; see Preface for further information.) Dedicated to Madame Henriette Escalier. Published by Choudens, 1869; Hamelle, 1887; first collection, no. 3. First performance Société nationale de musique, February 12, 1876, Léonce Waldec. Fauré composed this song as a twenty-year-old pupil at the École de Musique Classique et Religieuse, Paris, (later called the École Niedermeyer), founded by Louis Niedermeyer, who recognized Fauré's exceptional talent. He introduced the young composer into the elite circles which proved to be the primary social outlet for Fauré throughout his life. In August of 1898 the composer was invited by Mrs. George Swinton of South Wales to give a master class on "Dans les ruines d'une abbaye" and he asked for a full-length portrait of her by John Sargent in return. Victor Hugo, 1802-1885, was a French poet, author, and politician. For purposes of musical symmetry Fauré occasionally lengthened the text by repetition.

Dans les ruines d'une abbaye	***In the ruins of an abbey***
Seuls, tous deux, ravis, chantants! Comme on s'aime! Comme on cueille le printemps Que Dieu sème!	*Alone, the two of them, delighted, singing!* *How they love each other!* *How they gather the spring* *That God sows!*
Quels rires étincelants Dans ces ombres Jadis pleines de fronts blancs, De coeurs sombres!	*What sparkling laughter* *In these shadows* *Long ago full of pale foreheads,* *Of sad hearts!*
On est tout frais mariés. On s'envoie Les charmants cris variés De la joie.	*They are just newly married.* *They send to each other* *The charming, varied cries* *Of joy.*
Frais échos mêlés au vent Qui frissonne! Gaîtés que le noir couvent Assaisonne!	*Fresh echoes mixed with the wind* *That quivers!* *A gaiety to which the black convent* *Gives spice!*
On effeuille des jasmins Sur la pierre Où l'abbesse joint les mains En prière. [...]	*They pluck leaves from the jasmine* *Upon the stone* *Where the abbess joins her hands* *In prayer.*
On se cherche, on se poursuit, On sent croître Ton aube, amour, dans la nuit Du vieux cloître.	*They look for each other, pursue each other,* *They feel* *Your dawn, love, growing in the night* *Of the old cloister.*
On s'en va se becquetant, On s'adore, On s'embrasse à chaque instant, Puis encore,	*They go off, caressing,* *They adore each other,* *They kiss at every instant,* *Then again,*
Sous les piliers, les arceaux, Et les marbres. C'est l'histoire des oiseaux Dans les arbres.	*Under the pillars, the arches* *And the marble statues.* *That is the story of the birds* *In the trees.*

Allegretto
p
Seuls, tous deux, ra - vis, chan-tants!
p
5
Comme on s'ai - me! Comme on cueil - le le prin-temps
9
crescendo
Que Dieu sè - me! Quels ri - res é - tin - ce-lants
13
dim.
Dans ces om - bres Ja - dis plei - nes de fronts blancs,

*"Purs" in the original poem, apparently changed by the composer.

34
a tempo
- ne! Seuls, tous deux, ra - vis, chan-tants! Comme on s'ai -
38
- me! Comme on cueil - le le prin-temps Que Dieu sè -
42
crescendo
- me! Quels ri - res é - tin - ce-lants Dans ces om - bres
47
dim.
p
p
Ja - dis plei - nes de fronts blancs, De coeurs som - bres! On ef-feuil - le

52
des jas-mins Sur la pier - re Où l'ab-bes - se
56
crescendo
joint les mains En pri - è - re. On se cherche, on
60
dim.
se pour-suit, On sent croî - tre Ton aube, a - mour
64
p
rall.
a tempo
dans la nuit Du vieux cloî - tre. On s'en va se
p
rall.

68

bec - que-tant, On s'a - do - re, On s'em-brasse à

72

cresc.

chaque in - stant, Puis en - co - re, Sous les pi - liers,

76

f *dim.*

les ar-ceaux, Et les mar - bres. C'est l'his-toi - re

original key: E-flat major

Les matelots

c1865

poem by Théophile Gautier

Op. 2, no. 2. Dedicated to Madame Edouard Lalo. Published by Choudens, 1876; Hamelle, 1887; first collection, no. 4. (The opus number was added at the request of Fauré by his publisher, Hamelle, in 1896; see Preface for further information.) First performance, Société nationale de musique, February 8, 1873, Madame Edouard Lalo, alto. Théophile Gautier, 1811-1872, was a French poet, novelist and critic. Fauré omitted lines of the original poem as follows.

Les petites étoiles	*The little stars*
Montrent de leurs doigts d'or	*Show with their golden fingers*
De quel côté les voiles	*From which direction the sails*
Doivent prendre l'essor	*Are to receive the wind*

Fauré omitted texts which, in his opinion, lacked in taste, or were inconsistent to his musical setting. "Les Matelots" is one of the first songs by the composer to solely incorporate the arpeggio to accompany the vocal line.

Les Matelots	*The Sailors*
Sur l'eau bleue et profonde	*Upon the deep blue waters*
Nous allons voyageant,	*We go traveling,*
Environnant le monde	*Surrounding the world*
D'un sillage d'argent.	*With a silvery wake.*
Des îles de la Sonde,	*From the Sunda Islands,*
De l'Inde au ciel brûlé,	*From India with its scorching sky*
Jusqu'au pôle gelé... [...]	*Up to the frozen pole...*
Nous pensons à la terre	*We think about the land*
Que nous fuyons toujours,	*That we are ever fleeing,*
A notre vieille mère,	*About our old mothers,*
A nos jeunes amours;	*About our youthful loves,*
Mais la vague légère	*But the gentle wave*
Avec son doux refrain	*With its sweet refrain*
Endort notre chagrin. [...]	*Puts our grief to sleep.*
Existence sublime!	*Sublime existence!*
Bercés par notre nid,	*Rocked by our nest,*
Nous vivons sur l'abîme	*We live upon the abyss*
Au sein de l'infini;	*In the bosom of the infinite;*
Des flots rasant la cime,	*With waves skimming the summit,*
Dans le grand désert bleu	*In the great blue desert*
Nous marchons avec Dieu!	*We walk with God!*

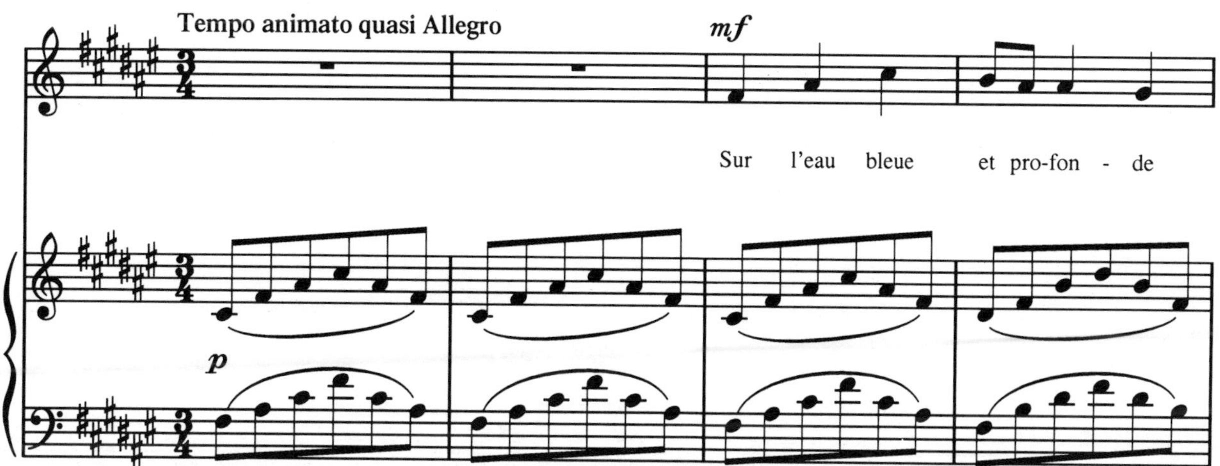

5
Nous al - lons voy - a - geant, En - vi - ron -
8
nant le mon - de D'un sil - la - ge d'ar - gent. Des
11
poco a poco cresc.
î - les de la Son - de, De l'Inde au ciel brû - lé, Jus-qu'au
poco a poco cresc.
15
f
poco rall.
a tempo
pô - le ge - lé, Jus-qu'au pô - le ge - lé...
poco rall.
f
a tempo

19
p dolce
Nous pen - sons
pp sempre
23
à la ter - re Que nous fu - yons tou - jours,
26
A no - tre viel - le mè - re, A nos jeu - nes a - mours;
30
sempre dolce
Mais la va - gue lé - gè - re A - vec son doux re -

33
poco rall.
frain En - dort no - tre cha - grin, En - dort no - tre cha -
poco rall.

37
a tempo
grin. . .
a tempo
cresc.

41
f sempre
Ex - is - ten - ce su - bli - me! Ber - cés par no - tre
mf

44
nid, Nous vi - vons sur l'a - bî - me

47
sempre f
Au sein de l'in - fi - ni; Des flots ra - sant la
50
ci - me, Dans le grand dé - sert bleu Nous mar -
53
poco rall.
chons a - vec Dieu, Nous mar - chons a - vec
poco rall.
56
a tempo
Dieu!
f a tempo

original key: E minor

Seule!

1871

poem by Théophile Gautier

Op. 3, no. 1. Dedicated to Monsieur E. Fernier. Published by G. Hartmann, 1871; Choudens, 1877; Hamelle, 1887; first collection, no. 5. (The opus number was added at the request of Fauré by his publisher, Hamelle, in 1896; see Preface for further information.) Fauré was profoundly affected by France's defeat in the Franco-Prussian war in 1870. "Seule!" was written in 1871 after the war's end. Théophile Gautier, 1811-1872, was a French poet, novelist and critic.

Seule!
[original poem untitled]

Dans un baiser, l'onde au rivage
Dit ses douleurs;
Pour consoler la fleur sauvage,
L'aube a des pleurs;
Le vent du soir conte sa plainte
Aux vieux cyprès,
La tourterelle au térébinthe
Ses longs regrets.

Aux flots dormants, quand tout repose,
Hors la douleur,
La lune parle et dit la cause
De sa pâleur.
Ton dôme blanc, Sainte Sophie,
Parle au ciel bleu,
Et, tout rêveur, le ciel confie
Son rêve à Dieu.

Arbre ou tombeau, colombe ou rose,
Onde ou rocher,
Tout, ici-bas, a quelque chose
Pour s'épancher...
Moi, je suis seule, et rien au monde
Ne me répond,
Rien que ta voix morne et profonde,
Sombre Hellespont!

Alone!

In a kiss the wave
Tells its woes to the shore;
To console the wild flower
The dawn has tears;
The evening wind recounts its lament
To the old cypress trees;
The turtledove tells the terebinth
Its long sorrows.

To the sleeping waves, when everything is resting,
Except grief,
The moon speaks and tells the cause
Of its paleness.
Your white dome, Saint Sophia,
Speaks to the blue sky,
And dreamily the sky confides
Its dream to God.

Tree or grave, dove or rose,
Wave or rock,
Everything here below has something
To pour out its heart to...
I am alone, and nothing in the world
Answers me!
Nothing except your gloomy, deep voice,
Dark Hellespont!

5
Dit ses dou - leurs; Pour con - so - ler la fleur sau - va - ge,
9
L'aube a des pleurs; Le vent du soir con - te sa plain - te
13
Aux vieux cy - près, La tour - te - relle au té - ré - bin - the
17
p
Ses longs re - grets.
p
Aux flots dor - mants, quand
p

22
tout re - po - se, Hors la dou - leur, La lu - ne parle et dit la cau - se
27
De sa pâ - leur. Ton dô - me blanc, Saint - e So - phi - e,
31
cresc.
mf
Parle au ciel bleu, Et, tout rê-veur, le ciel con-fi - e Son rêve à
cresc.
mf
36
pp
Dieu. Arbre ou tom-beau, co - lombe ou ro - se,
pp

41
Onde ou ro - cher,
Tout, i - ci - bas, a quel-que cho - se
45
Pour s'é - pan - cher...
Moi, je suis seule, et
48
cresc.
rien au mon - de, Ne me ré pond,
Rien que ta voix morne
cresc.
52
rall.
f
et pro - fon - de, Sombre Hel - les - pont!
rall.

original key: B-flat minor

Sérénade toscane

c1878?

anonymous Italian poem, adapted by Romain Bussine

Op. 3, no. 2. (The opus number was added at the request of Fauré by his publisher, Hamelle, in 1896; see Preface for further information.) Dedicated to Madame la baronne de Montagnac, née de Rosalès. Published by Choudens, 1879; Hamelle, 1887; first collection, no. 6. The original poem is entitled "O tu che dormie riposata stai." The date and location of the song's premiere are not known. There was a noteworthy performance by an American singer, Susan Metcalfe, accompanied by Fauré, singing for Queen Alexandra and the Russian Empress Marie Feodorovna at Buckingham Palace, March 23, 1908. Romain Bussine was a teacher of singing, a close friend of Fauré's, and along with Camille Saint-Saëns, founded the Société nationale de musique, created for the promotion of French music. The majority of Fauré's compositions were premiered there.

Sérénade toscane

O toi que berce un rêve enchanteur,
Tu dors tranquille en ton lit solitaire,
Éveille-toi, regarde le chanteur,
Esclave de tes yeux, dans la nuit claire!

Éveille-toi mon âme, ma pensée,
Entends ma voix par la brise emportée,
Entends ma voix chanter!
Entends ma voix pleurer
Dans la rosée!

Sous la fenêtre en vain ma voix expire,
Et chaque nuit je redis mon martyre,
Sans autre abri que la voûte étoilée.
Le vent brise ma voix et la nuit est glacée:

Mon chant s'éteint en un accent suprême,
Ma lèvre tremble en murmurant je t'aime.
Je ne peux plus chanter!
Ah! daigne te montrer!
Daigne apparaître!

Si j'étais sûr que tu ne veux paraître,
Je m'en irais, pour t'oublier,
Demander au sommeil
De me bercer jusqu'au matin vermeil,
De me bercer jusqu'à ne plus t'aimer!

Tuscan Serenade

O you who are lulled by an enchanting dream,
You sleep peacefully in your solitary bed.
Wake up, look at the singer,
A slave to your eyes, in the clear night!

Wake up, my soul, my thought,
Hear my voice carried by the breeze,
Hear my voice sing!
Hear my voice weep
In the dew.

Under the window my voice expires in vain,
And every night I tell again of my torment,
With no other shelter than the starry vault of heaven,
The wind breaks my voice and the night is chilly.

My song dies away in an ultimate word.
My lip trembles as it murmurs, "I love you."
I can no longer sing!
Ah! please show yourself!
Please appear!

If I were sure that you do not want to appear,
I would go away in order to forget you,
To ask sleep
To rock me until bright red morning,
To rock me until I no longer love you!

4
teur, Tu dors tran-quille en ton lit so - li - tai - re, É -
stai, N'tes tò bel let - to sen - za pen - za - men - to, Ris -
7
veil - le - toi, re - gar - de le chan - teur, Es - cla - ve de tes
vei - glia - ti un po - chino è sen - ti - rai Tuo ser - vo che, per
10
yeux, dans la nuit clai - re! É - veil - le - toi, mon â - me,
te, fà un gran la - men - to! Ris - ve - glia - ti, ma - do - na un

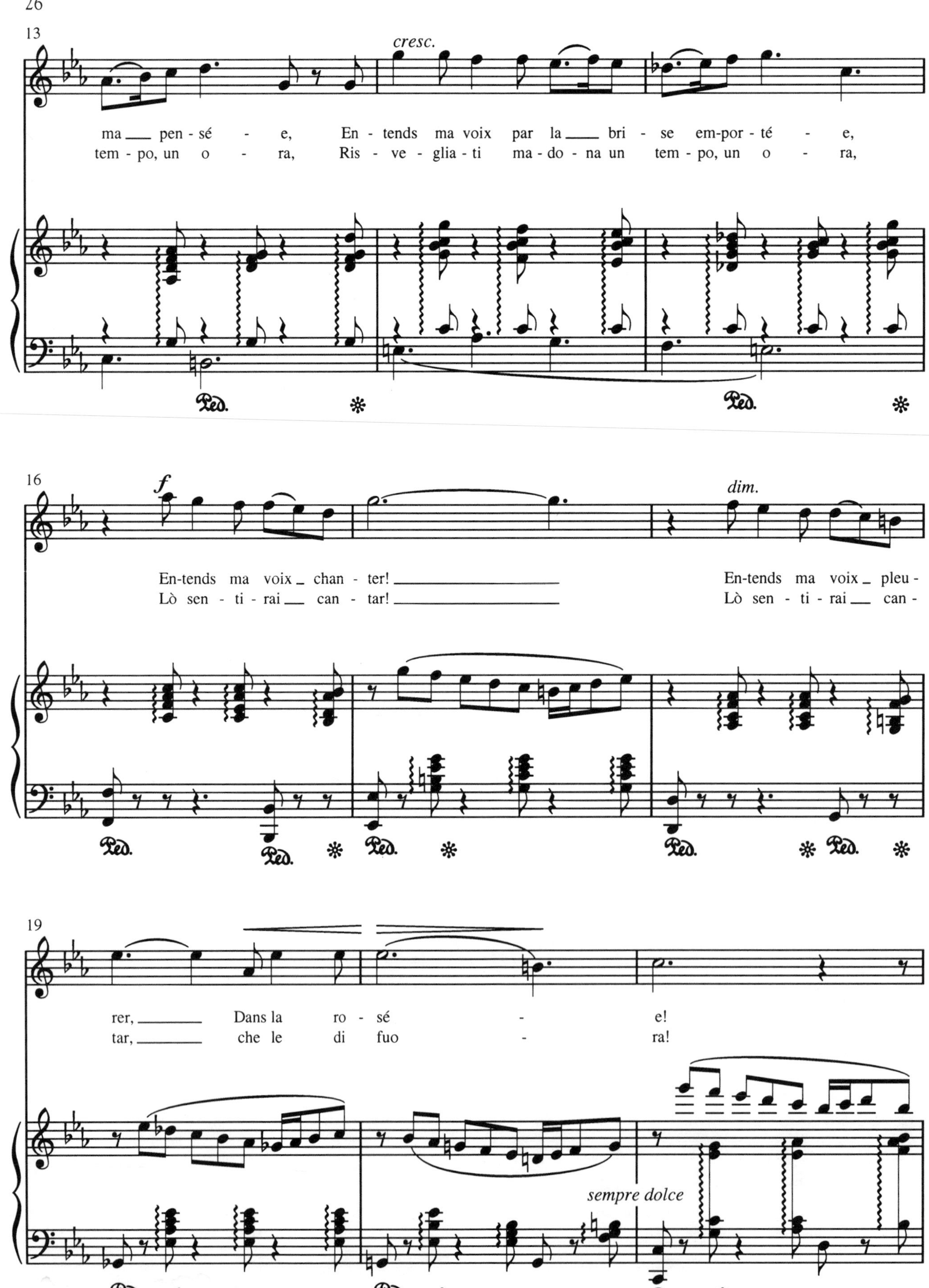
13
cresc.
ma __ pen - sé - e, En - tends ma voix par la __ bri - se em-por - té - e,
tem - po, un o - ra, Ris - ve - glia - ti ma - do - na un tem - po, un o - ra,
16
f
dim.
En-tends ma voix _ chan - ter! ___
Lò sen - ti - rai __ can - tar! ___
En-tends ma voix _ pleu -
Lò sen - ti - rai __ can -
19
rer, ___ Dans la ro - sé - e!
tar, ___ che le di fuo - ra!
sempre dolce

* "la" in Bussine's translation; changed by the composer, perhaps inadvertently

31
cé - e: Mon chant s'é-teint en un ac - cent su - prê - me, Ma
fiè - no, Non pos - se più can - tar che non e vo - ce, E
34
cresc.
f
lè - vre tremble en mur - mu - rant je t'ai - me. Je ne peux plus chan -
m'entra in bocca è non mi las - sa di - re, Non pos - so più can -
37
dim.
ter! Ah! dai - gne te mon - trer! Daigne ap - pa -
tar! Non pos - so più can - tar! che ti - ra
Ped.
Ped.
Ped.
Ped.
Ped.
Ped.

40
raî - tre!
ven - to!
più mosso
sempre legg.
43
più mosso f
Si j'é - tais sûr que tu ne veux pa - raî - tre,
L'ho ben paù - ra di per-dar il tem - po
46
ritorno al 1° tempo
Je m'en i - rais, pour t'ou - bli - er, De-man-der au som -
Fòs - si si - cur, fòs - si si - cur, me an - da-re a dor -
ritorno al 1° tempo
dolce

49

p

meil De me ber - cer jus-qu'au ma - tin ver - meil, De me ber -
mir. Fòs - si si - cur a dor - mir n'an - da - rei, Ches - tò bel

Ped. * Ped. * Ped. * Ped. * Ped. * Ped. * Ped. *

52

cer jus - qu'à ne plus t'ai - mer!
tem - po non lo per - de - rei!

Ped. * Ped. *

Lydia

c1870

poem by Leconte de Lisle

Op. 4, no. 2. Dedicated to Madame Marie Trélat. Published by G. Hartmann, 1871; Choudens, 1877; Hamelle, 1887; first collection, no. 8. First performance, Société nationale de musique, May 18, 1872, Marie Trélat, mezzo-soprano. The Lydian mode is found in the song, with the raised fourth note of the scale. This is the first time Fauré set a poem of Leconte de Lisle, a Parnassian poet. The Parnassians were a group of poets who turned away from Romantic excess and reverted to the formal aspects of ancient Greece. Fauré changed words, presumably to improve the vocal flow of the line: "Chanter sur tes lèvres en fleur" was altered to "Chanter sur ta levre en fleur." In the first verse, Fauré omits the bracketed words in his setting: "Et sur ton col frais et plus blanc [Que le lait,] roule étincelant." Instead, he inserts a melodic line in the accompaniment, removing the comparison of "white" and "milk."

Lydia

Lydia, sur tes roses joues,
Et sur ton col frais et si blanc
[Que le lait,] roule étincelant
L'or fluide que tu dénoues.

Le jour qui luit est le meilleur:
Oublions l'éternelle tombe,
Laisse tes baisers de colombe
Chanter sur ta lèvre en fleur.

Un lys caché répand sans cesse
Une odeur divine en ton sein:
Les délices, comme un essaim,
Sortent de toi, jeune Déesse!

Je t'aime et meurs, ô mes amours!
Mon âme en baisers m'est ravie.
O Lydia, rends-moi la vie,
Que je puisse mourir toujours!

Lydia

Lydia, upon your pink cheeks,
And upon your neck, so cool and so white,
There rolls down, glittering,
The fluid golden hair that you untie.

The day that is shining is the best:
Let us forget the eternal grave,
Let your dovelike kisses
Sing upon your flowering lips.

A hidden lily unceasingly spreads
A divine scent in your bosom:
Delights like a swarm
Emanate from you, young Goddess!

I love you and die, o my love!
My soul is ravished from me in kisses.
O Lydia, restore my life to me,
May I die forever!

5

Et sur ton col frais et si* blanc, roule é -

8

tin - ce - lant L'or flu - i - de ___ que tu dé - nou - es.

11

Le jour qui luit est le meil - leur: Ou - bli - ons l'é - ter - nel - le

14

* "plus" in the original poem

* "tes lèvres" in the original poem

28
cresc.
mf
es - se! Je t'aime et meurs, ô mes a-mours! Mon âme en bai-sers m'est ra-
cresc.
32
dolce
vi - e. O Ly-di-a, rends-moi la vi - e,
3
3
3
3
dolce
35
riten.
p
a tempo
Que je puis - se mou-rir, mou - rir tou - jours!
riten.
p
a tempo
p
38

original key: E-flat major

Rêve d'amour

1862

poem by Victor Hugo

Op. 5, no. 2. (The opus number was added at the request of Fauré by his publisher, Hamelle, in 1896; see Preface for further information.) Dedicated to Madame C. De Gomiecourt. Published by Choudens, 1875; Hamelle, 1887; first collection, no. 10. First performance Société nationale de musique, December 12, 1874, Mademoiselle Marguerite Baron. Fauré's original title, different from the poet's, was "S'il est un charmant gazon." It was renamed "Rêve d'amour" by the publisher, Antoine Choudens, perhaps for the sake of an eye-catching title. This song is one of Fauré's early works, one he described as a "Romance" versus the more serious and artful "Mélodie." In part, the distinction between the two styles is the strophic design for the "Romance," and the through-composed approach to the "Mélodie."

Rêve d'amour
[poet's original title: Nouvelle Chanson sur un vieil air]

S'il est un charmant gazon
Que le ciel arrose,
Où naisse en toute saison
Quelque fleur éclose,
Où l'on cueille à pleine main
Lys, chèvrefeuille et jasmin,
J'en veux faire le chemin
Où ton pied se pose!

S'il est un sein bien aimant
Dont l'honneur dispose,
Dont le tendre dévouement
N'ait rien de morose,
Si toujours ce noble sein
Bat pour un digne dessein,
J'en veux faire le coussin
Où ton front se pose!

S'il est un rêve d'amour
Parfumé de rose,
Où l'on trouve chaque jour
Quelque douce chose,
Un rêve que Dieu bénit,
Où l'âme à l'âme s'unit,
Oh! j'en veux faire le nid
Où ton coeur se pose!

Dream of Love

If there is a charming lawn
That heaven waters,
Where in every season is born
Some blooming flower,
Where one gathers whole handfuls
Of lily, honeysuckle and jasmine,
I want to make of it the path
Where your foot may step.

If there is a very loving breast
That is ruled by honor,
Whose tender devotion
Has nothing morose about it,
If that noble breast always
Beats for a worthy goal,
I want to make of it the cushion
Where your forehead may rest.

If there is a dream of love
Scented with rose,
Where every day is found
Some sweet thing,
A dream that God blesses,
In which one soul unites with another,
Oh! I want to make of it the nest
Where your heart may rest.

* "brille" in the original poem

21
p
rall.
a tempo
J'en _ veux _ fai - re le che-min Où ton pied se po - se!
rall.
p
25
p
cresc.
29
dim.
p
33
S'il est un sein bien ai-mant Dont l'hon-neur dis - po - se,

* "ferme" in the original poem

52
dim.
56
beaucoup plus lentement
p
S'il est un rê - ve d'à - mour
Par - fu-mé de
p
pp
60
ro - se, Où l'on trou-ve cha-que jour
Quel - que dou-ce
64
cho - se, Un rê - ve que Dieu bé - nit,
Où l'âme à l'â -
8va

68
me s'u - nit,
Oh! j'en veux fai - re le nid
71
rall.
Où ton coeur se po - se!
1° tempo
rall.
74
cresc.
77
dim.

original key: C minor

Tristesse

c1873

poem by Théophile Gautier

Op. 6, no. 2. Dedicated to Madame Edouard Lalo, alto. Published by Choudens, 1876; Hamelle, 1887; first collection, no. 13.

Tristesse	*Sadness*
Avril est de retour. La première des roses, De ses lèvres mi-closes, Rit au premier beau jour; La terre bienheureuse S'ouvre et s'épanouit; Tout aime, tout jouit. Hélas! j'ai dans le coeur une tristesse affreuse!	*April has returned. The first of the roses, With its half-closed lips, Laughs at the first beautiful day; The blissful earth Opens and blossoms out; Everything is in love, everything feels pleasure. Alas! I have in my heart a dreadful sadness!*
Les buveurs en gaîté, Dans leurs chansons vermeilles, Célèbrent sous les treilles Le vin et la beauté; La musique joyeuse, Avec leur rire clair S'éparpille dans l'air. Hélas! j'ai dans le coeur une tristesse affreuse!	*With gaiety the drinkers, In their ruddy songs, Celebrate under the trellises Wine and beauty; The joyful music, With their bright laughter, Is scattered through the air. Alas! I have in my heart a dreadful sadness!*
En déshabillés blancs, Les jeunes demoiselles S'en vont sous les tonnelles Au bras de leurs galants; La lune langoureuse Argente leurs baisers Longuement appuyés. Hélas! j'ai dans le coeur une tristesse affreuse!	*In thin white dresses The young ladies Go off under the arbors On the arms of their beaux; The langourous moon Casts a silver glow on their kisses, Greatly prolonged. Alas! I have in my heart a dreadful sadness!*
Moi, je n'aime plus rien, Ni l'homme, ni la femme, Ni mon corps, ni mon âme, Pas même mon vieux chien: Allez dire qu'on creuse, Sous le pâle gazon, Une fosse sans nom. Hélas! j'ai dans le coeur une tristesse affreuse!	*As for me, I no longer love anything, Neither man nor woman, My body nor my soul, Not even my old dog: Go tell them to dig, Under the pale lawn, A nameless pit. Alas! I have in my heart a dreadful sadness!*

5

ro - ses, De ses lè - vres mi - clo - ses, Rit au pre-mier beau jour; La __ ter - re bien-heu-

8

cresc. *f*

reu - se S'ouvre et s'é - pa - nou - it; Tout ai - me, tout jou - it. Hé -

cresc.

11

dimin.

las! j'ai dans le coeur u - ne tris - tesse af - freu -

f *dimin.*

14

mf

se! Les bu - veurs en gaî -

p

17
té, Dans leurs chan-sons ver - meil - les, Cé - lè - brent sous les treil - les Le vin et la beau -
20
crescendo
té; La mu - si - que joy - eu - se, A - vec leur ri - re clair S'é-par-pil - le dans
cresc.
23
f
l'air. Hé - las! j'ai dans le coeur u - ne tris -
f
26
dim.
tesse af - freu - se!
dim.
p

29
dolce sempre
En dés-ha-bil-lés blancs, Les jeu - nes de-moi - sel - les S'en vont sous les ton-
32
nel - les Au bras de leurs ga - lants; La lu - ne lan-gou - reu - se Ar - gen-te leurs bai -
35
crescendo
f
sers Lon-gue-ment ap-puy - és. Hé - las! j'ai dans le
cresc.
f
38
dimin.
coeur u - ne tris - tesse af - freu - se!
dimin.
p

41
mf
Moi, je n'ai - me plus rien, Ni l'hom - me, ni la
44
fem - me, Ni mon corps, ni mon â - me, Pas mê - me mon vieux chien: Al-lez di - re qu'on
47
crescendo
f sempre
creu - se, Sous le pâ - le ga - zon, U-ne fos - se sans nom. Hé - las! j'ai dans le
cresc.
f sempre
51
rall.
coeur u - ne tris - tesse af - freu - se!
rall.

original key: F major

Sylvie

1878

poem by Paul de Choudens

Op. 6, no. 3. Dedicated to Madame la vicomtesse de Gironde. Published by Choudens, 1879; Hamelle, 1887; first collection, no. 14. First performance Société nationale de musique, January 11, 1879, Henriette Fuchs, soprano. Paul de Choudens was the son of the publisher, Antoine Choudens. Fauré supposedly set Paul's poem to encourage the publisher/father to speed up publication of a volume of his first twenty songs.

Sylvie	*Sylvie*
Si tu veux savoir, ma belle, Où s'envole à tire-d'aile, L'oiseau qui chantait sur l'ormeau, Je te le dirai, ma belle, Il vole vers qui l'appelle, Vers celui-là Qui l'aimera!	*If you want to know, my fair one,* *Whither it is swiftly flying away,* *The bird that was singing under the young elm,* *I will tell you, my fair one,* *It is flying toward the one who calls it,* *Toward that person* *Who will love it!*
Si tu veux savoir, ma blonde, Pourquoi sur terre et sur l'onde La nuit tout s'anime et s'unit, Je te le dirai, ma blonde! C'est qu'il est une heure au monde Où, loin du jour, Veille l'amour!	*If you want to know, my blonde,* *Why upon land and sea* *At night everything comes alive and unites,* *I will tell you, my blonde,* *It is because there is an hour in the world* *When, far from the daylight,* *Love stays awake.*
Si tu veux savoir, Sylvie, Pourquoi j'aime à la folie Tes yeux brillants et langoureux, Je te le dirai, Sylvie, C'est que sans toi dans la vie Tout pour mon coeur N'est que douleur!	*If you want to know, Sylvie,* *Why I am madly in love* *With your eyes, shining and langourous,* *I will tell you, Sylvie,* *It is because, without you, in life* *Everything for my heart* *Is just sorrow.*

6
p
Si tu veux sa - voir, ma bel - le, Où s'en - vole à ti - re
Ped. ❋ Ped. ❋ Ped. ❋
9
d'ai - le, L'oi - seau qui chan - tait sur l'or - meau?
Ped. ❋ Ped. ❋
12
Je te le di - rai, ma bel - le, Il vo - le vers qui l'ap -
15
f
pel - le, Vers ce - lui - là
Ped. ❋

18
p
Vers ce - lui - là Qui l'ai - me - ra!
p sempre
21
Vers ce - lui -
23
là Qui l'ai - me - ra!
p
25

28
p
Si tu veux sa - voir, ma blon - de, Pour -
Ped.
30
quoi sur terre et sur l'on - de La
32
nuit tout s'a - nime et s'u - nit?
Je te le di - rai, ma
Ped.
35
blon - de,
C'est qu'il est une heure au mon - de

38
f
Où, loin du jour,
Où, loin du
41
jour, Veil - le l'a - mour!
44
Où, loin du jour, Veil - le l'a - mour!
p
47

50
p
crescendo
Si tu veux sa - voir, Syl - vi - e, Pour - quoi
52
mf
j'aime à la fo - li - e Tes yeux bril - lants et lan - gou -
mf
Ped.
Ped.
Ped.
55
reux?
p
Je te le di - rai, Syl - vi - e,
p sempre
Ped.
58
C'est que sans toi dans la vi - e Tout pour mon

61
f
coeur,
Tout
pour
mon
coeur
N'est
que
dou -
mf
64
p
leur!
Tout
pour
mon
67
coeur
N'est
que
dou
-
leur!
70

original key: C minor

Après un rêve

1878?

anonymous Italian poem adapted by Romain Bussine

Op. 7, no. 1. (The opus number was added at the request of Fauré by his publisher, Hamelle, in 1896; see Preface for further information.) ('Levati sol che la luna é levata') Dedicated to Madame Marguerite Baugnies. Published by Choudens, 1878; Hamelle, 1887; first collection, no.15. First performance Société nationale de musique, January 11, 1879, Henriette Fuchs, soprano. Romain Bussine was a teacher of singing and a close friend of Fauré. He and Camille Saint-Saëns founded the Société nationale de musique. "Après un rêve" was composed after the break–up of Fauré's engagement to Marianne Viardot. This popular Romance has been transcribed for cello and piano (by Pablo Casals), piano solo, orchestra, voice and orchestra, viola and piano, piano trio, organ, et cetera.

Après un rêve

Dans un sommeil que charmait ton image
Je rêvais le bonheur, ardent mirage;
Tes yeux étaient plus doux, ta voix pure et sonore,
Tu rayonnais comme un ciel éclairé par l'aurore.

Tu m'appelais et je quittais la terre
Pour m'enfuir avec toi vers la lumière;
Les cieux pour nous, entr'ouvraient leurs nues,
Splendeurs inconnues, lueurs divines entrevues...

Hélas! Hélas, triste réveil des songes!
Je t'appelle, ô nuit, rends-moi tes mensonges;
Reviens, reviens radieuse,
Reviens, ô nuit mystérieuse!

After a dream

In a slumber charmed by your image
I was dreaming of happiness, that fiery mirage.
Your eyes were gentler, your voice pure and ringing,
You were beaming like a sky lit up by the dawn.

You were calling me, and I was leaving the earth
To flee with you toward the light.
The heavens for us were slightly opening their clouds,
Unknown splendors, divine radiance glimpsed!

Alas, alas! Sad awakening from dreams,
I call you, o night, give me back your lies,
Come back radiantly,
Come back, o mysterious night!

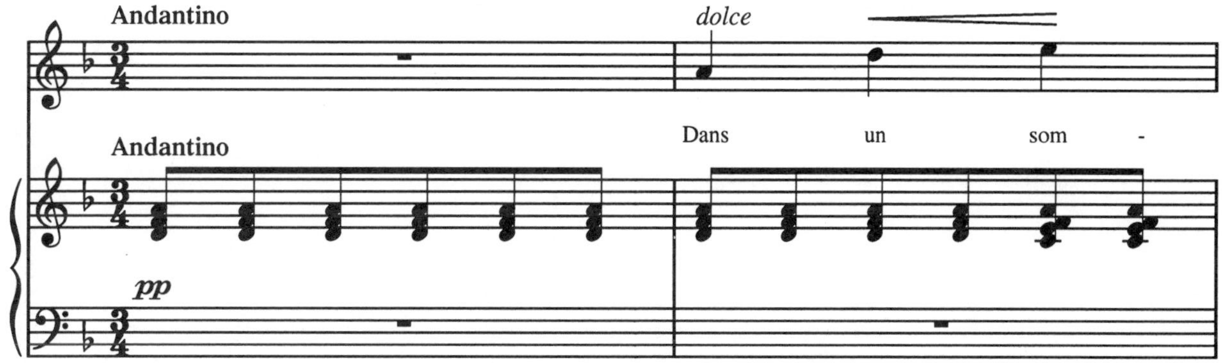

6
heur, ar-dent mi - ra - ge;
Tes yeux é-taient plus
10
doux, ta voix pure et so - no - re,
Tu ray - on -
13
nais comme un ciel é-clai-ré par l'au - ro - re.
mf
17
f
Tu m'ap - pe - lais et je quit-tais la ter - re
Pour m'en-fuir a - vec
mf

21
toi vers la lu - miè - re;
p
Les cieux pour
p
25
nous, en - tr'ou-vraient leurs nu - es, Splen - deurs in - con-
28
cresc.
nu - es, lu - eurs di - vi - nes en - tre - vu - es... Hé -
31
f
las! Hé - las, tris - te ré - veil des son -
f
dim.

34
mf
ges, Je t'ap - pelle, ô nuit, rends-moi tes men-
mf
37
cresc.
son ges; Re - viens, re -
p
40
f
p
viens ra - di - eu - se, Re - viens, ô
mf
p
44
pp
nuit mys-té - ri - eu - se!
pp

original key

Au bord de l'eau

1875

poem by Sully-Prudhomme

Op. 8, no. 1. Dedicated to Madame Claudie Chamerot. Published by Choudens, 1877; Hamelle, 1887; first collection, no.18, then no.17. First performance Société nationale de musique, January 19, 1878, Mademoiselle Miramont–Tréogate. Fauré softened dental sounds in song texts and "Au bord de l'eau" contains an example:

Sully-Prudhomme—S'asseoir tous deux au bord *d'un* flot qui passe
Fauré— S'asseoir tous deux au bord *du* flot qui passe

Au bord de l'eau

S'asseoir tous deux au bord du flot qui passe,
Le voir passer;
Tous deux, s'il glisse un nuage en l'espace,
Le voir glisser;
A l'horizon s'il fume un toit de chaume,
Le voir fumer;
Aux alentours, si quelque fleur embaume,
S'en embaumer;
Entendre au pied du saule où l'eau murmure,
L'eau murmurer;
Ne pas sentir tant que ce rêve dure,
Le temps durer;
Mais n'apportant de passion profonde,
Qu'à s'adorer,
Sans nul souci des querelles du monde,
Les ignorer;
Et seuls tous deux devant tout ce qui lasse,
Sans se lasser;
Sentir l'amour devant tout ce qui passe,
Ne point passer!

At the water's edge

To sit together at the edge of the passing wave,
To see it pass;
Together, if a cloud glides by in space,
To see it glide;
If a thatched roof sends smoke on the horizon,
To see it smoke;
If in the vicinity some flower gives off a scent,
To take in that scent;
To hear, at the foot of the willow where water murmurs,
The water murmur;
Not to feel, so long as this dream lasts,
Time last;
But bringing no deep passion
Except to adore each other,
With no concern for the quarrels of the world,
To know nothing of them;
And alone together, in the face of all that causes weariness,
Without becoming weary,
To feel love, in the face of all that passes away,
Not pass away!

4
pas - se,
Le voir pas - ser; Tous deux, s'il
7
glisse un nu - age en l'es pa - ce,
Le voir glis -
10
ser; A l'ho - ri - zon s'il fume un toit de chau - me,
13
mf
Le voir fu - mer; Aux a - len - tours, si quel - que fleur em -

16
p
dolce
bau - me, S'en em - bau - mer; En - tendre au
sempre
p
19
pied du saule où l'eau mur - mu - re, L'eau mur - mu -
22
rer; Ne pas sen - tir tant que ce rê - ve du - re,
25
cresc.
Le temps du - rer; Mais n'ap - por - tant de pas - si - on pro -

28
f
fon - de,
Qu'à s'a - do - rer,
Sans nul sou -
31
ci des que - rel - les du mon - de,
Les i - gno -
34
p
pp
rer; Et seuls tous deux de - vant tout ce qui las - se,
37
Sans se las - ser; Sen - tir l'a - mour de - vant tout ce qui

40
pas - se,
p
Ne point pas - ser,
p
p sempre
43
sempre p
Sen - tir l'a - mour de - vant tout ce qui
46
pp
pas - se,
Ne point pas - ser!
pp
49
8va

original key

Ici–bas!

c.1873
poem by Sully–Prudhomme

Op. 8, no. 3. Dedicated to Madame G. Lecoq, née Mac-Brid. Published by Choudens, 1877; Hamelle, 1887; first collection, no. 20, then no. 19. First performance, Société nationale de musique, December 12, 1874, Mademoiselle Marguerite Baron.

Ici-bas !	*Here below*
Ici-bas tous les lilas meurent, Tous les chants des oiseaux sont courts, Je rêve aux étés qui demeurent Toujours!	*Here below all the lilacs die,* *All the songs of the birds are short,* *I dream of summers that remain* *Forever!*
Ici-bas les lèvres effleurent Sans rien laisser de leur velours, Je rêve aux baisers qui demeurent Toujours!	*Here below lips touch lightly* *Without leaving any of their velvet behind,* *I dream of kisses that remain* *Forever!*
Ici-bas, tous les hommes pleurent Leurs amitiés ou leurs amours... Je rêve aux couples qui demeurent Toujours!	*Here below all men weep* *Over their friendships or their loves...* *I dream of couples who remain* *Forever!*

7
p
Je rêve aux é - tés qui de-meu-rent Tou - jours!
Ped.
11
p
I - ci - bas les lè - vres ef - fleu - rent Sans rien lais - ser de leur ve -
sempre p
14
p
lours, Je rêve aux bai - sers qui de-meu-rent Tou - jours.
p
Ped.

18
mf
I - ci-bas, tous les hom-mes pleu - rent Leurs a-mi-tiés ou leurs a-
22
cresc.
f
dim.
mours. . . Je rêve aux cou-ples qui de - meu - rent, aux cou-ples qui de -
cresc.
dim.
26
p
meu - rent, qui de - meu - rent Tou -
pp
30
jours!

Nell

1878

poem by Leconte de Lisle

Op. 18, no. 1. Dedicated to Madame Camille Saint-Saëns. Published by Hamelle, 1880; second collection, no. 1; London, Metzler, 1896. First performance, Société nationale de musique, 29 January 1881, Henrietta Fuchs, soprano. Fauré lengthened the last two lines of the poem by repetition:

Qui rayonne en mon cœur [en mon cœur] charmé
Ne fleurisse plus ton image [Ne fleurisse plus ton image]

Leconte de Lisle was a Parnassian poet. The Parnassians were the group of poets who turned away from Romantic excess, reverting to the purity and formal aspects of ancient Greece.

Nell

Ta rose de pourpre, à ton clair soleil,
O Juin, étincelle enivrée;
Penche aussi vers moi ta coupe dorée:
Mon coeur à ta rose est pareil.

Sous le mol abri de la feuille ombreuse
Monte un soupir de volupté;
Plus d'un ramier chante au bois écarté,
O mon coeur, sa plainte amoureuse.

Que ta perle est douce au ciel enflammé,
Étoile de la nuit pensive!
Mais combien plus douce est la clarté vive
Qui rayonne en mon coeur charmé!

La chantante mer, le long du rivage,
Taira son murmure éternel,
Avant qu'en mon coeur, chère amour, O Nell,
Ne fleurisse plus ton image!

Nell

Your purple rose in your bright sun,
O June, is sparkling as if intoxicated;
Bend your golden cup also toward me:
My heart is just like your rose.

Under the soft shelter of a shady bough
A sigh of pleasure rises up;
More than one ring-pigeon sings in the remote wood,
O my heart, its amorous lament.

How sweet your pearl is in the flaming sky,
Star of the pensive night!
But how much sweeter is the bright light
That shines in my charmed heart!

The singing sea, all along the shore,
Will silence its eternal murmuring
Before in my heart, dear love, o Nell,
Your image will stop blossoming!

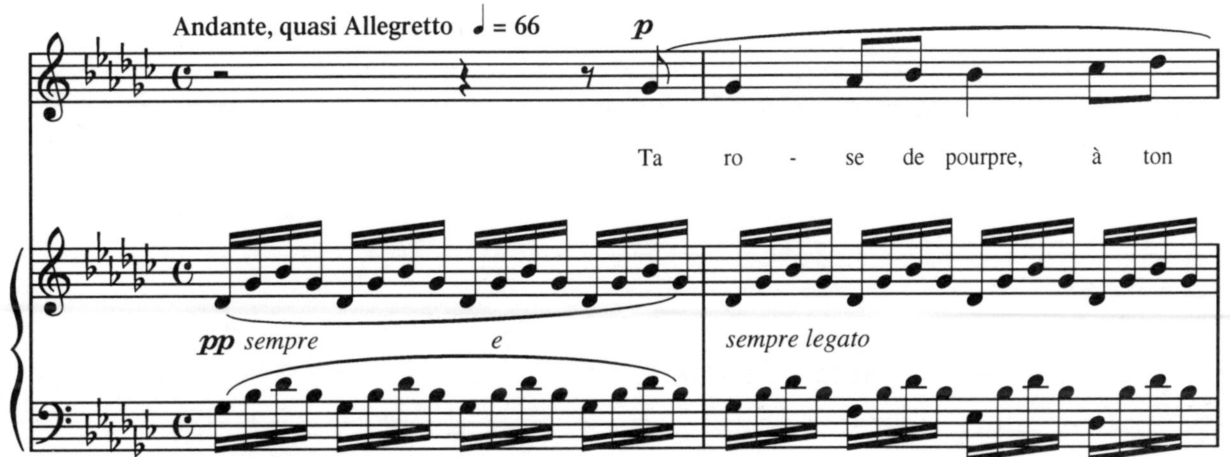

3

clair so - leil, O Juin, é - tin - celle en - i -

5

vré - e; Penche aus - si vers moi ta cou -

7

pe do - ré - e: Mon coeur à ta rose est pa -

9

reil. _____ *pp* Sous le mol a - bri de la

espress.

11
feuille om - breu - se Monte un sou - pir de vo - lup-
13
cresc. sempre
té; Plus d'un ra - mier chante au bois
cresc.
15
f
é - car - té, O mon coeur, sa plainte a - mou -
mf
17
p
reu - - - se.
pp

* "parfumé" in the original poem

25
cresc.
sempre
onne en mon coeur, en mon coeur char -
poco cresc.
27
f
mé!
mf
pp
29
dolce
La chan - tan - te mer, le long du ri - va - ge, Tai -
dolciss.
31
ra son mur - mure é - ter - nel, A - vant

33
cresc.
qu'en mon coeur,
chère a - mour, O Nell,
Ne fleu -
cresc.
35
f
pp subito
ris - se plus ton i - ma - ge! Ne fleu -
mf
pp
37
ris - se plus ton i - ma - -
39
ge!

original key: B minor

Automne

1878

poem by Armand Silvestre

Op. 18, no. 3. Dedicated to Monsieur Emmanuel Jadin. Hamelle, 1880; second collection, no. 3. First performance, Société nationale de musique, January 29, 1881, Henrietta Fuchs, soprano.

Automne	*Autumn*
Automne au ciel brumeux, aux horizons navrants, Aux rapides couchants, aux aurores pâlies, Je regarde couler, comme l'eau du torrent, Tes jours faits de mélancolie.	*Autumn with a misty sky, with heart-breaking horizons,* *With rapid sunsets, with pale dawns,* *I watch the flow, like the water of a torrent,* *Of your days made of melancholy.*
Sur l'aile des regrets mes esprits emportés, Comme s'il se pouvait que notre âge renaisse! Parcourent en rêvant les coteaux enchantés Où, jadis, sourit ma jeunesse!	*My thoughts, carried off on wings of regret,* *As if it were possible for our life to start over,* *Travel while dreaming through the enchanted slopes* *Where in former days my youth smiled!*
Je sens, au clair soleil du souvenir vainqueur, Refleurir en bouquets les roses déliées, Et monter à mes yeux des larmes, qu'en mon coeur Mes vingt ans avaient oubliées!	*I feel in the bright sunlight of a victorious memory* *The slender roses blooming again in a bouquet* *And I feel rising to my eyes tears that in my heart* *I at age twenty had forgotten.*

5

ho - ri - zons na - vrants, ___

mf

7

sempre f

Aux ra - pi - des cou-chants, aux au -

mf

9

ro - res pâ - li - es,

f

Je re -

mf

11

gar - de cou - ler, com - me l'eau du tor - rent, ___ Tes

sf

sf

13
jours faits de mé - lan - co - li - e.
dolcissimo
dimin.
Ped.
Ped.
16
dolce
Sur l'ai - le des re - grets mes es -
sempre pp
Ped.
Ped.
18
prits em - por - tés, Com - me s'il se pou - vait que notre
20
cresc. molto
â - ge re - nais - se! Par - cou - rent en rê - vant les co -
cresc.

22
teaux en - chan-tés Où, ja - dis, sou - rit ma jeu -
24
sempre
nes - se! Je
dimin.
26
sens, au clair so - leil du sou - ve - nir vain - queur,
sempre
28
meno
Re - fleu - rir en bou - quets les

30
crescendo
ro - ses dé - li - é - es, Et mon -
poco a poco
32
sempre al fine
ter à mes yeux des lar - mes, qu'en mon coeur Mes vingt
cresc.
34
f
ans a - vaient ou - bli - é - -
f
36
es!
sempre f
dimin.

original key

Poème d'un jour

Rencontre

1878

poem by Charles Grandmougin

Op. 21, no. 1. Dedicated to Madame la comtesse de Gauville. Published by Durand, 1880; Hamelle, 1897; Second collection, nos. 4, 5 & 6; London, Metzler, 1897. First performance Société nationale de musique, Jan. 22, 1881, Monsieur Mazalbert, tenor. This three-song-cycle is related in tonality, and in poetic content. The original key relationship was not maintained in the transpositions supervised by Fauré. "Poème d'un jour" was composed in 1878 after the break-up of Fauré's engagement to Marianne Viardot.

Poème d'un jour

Rencontre

J'étais triste et pensif quand je t'ai rencontrée;
Je sens moins aujourd'hui mon obstiné tourment.
O dis-moi, serais-tu la femme inespérée,
Et le rêve idéal poursuivi vainement?

O passante aux doux yeux, serais-tu donc l'amie
Qui rendrait le bonheur au poète isolé?
Et vas-tu rayonner sur mon âme affermie,
Comme le ciel natal sur un coeur d'exilé?

Ta tristesse sauvage, à la mienne pareille,
Aime à voir le soleil décliner sur la mer.
Devant l'immensité ton extase s'éveille,
Et le charme des soirs, à ta belle âme est cher.

Une mystérieuse et douce sympathie
Déjà m'enchaîne à toi comme un vivant lien,
Et mon âme frémit, par l'amour envahie,
Et mon coeur te chérit, sans te connaître bien!

Poem of One Day

Meeting

I was sad and pensive when I met you;
Today I feel my obstinate torment less,
O tell me, might you be the unhoped-for woman
And the ideal dream that I pursued in vain?

O passer-by with gentle eyes, might you then be the friend
Who would bring back happiness to the lonely poet?
And are you going to shine on my strengthened soul
Like the native sky on an exile's heart?

Your wild sadness, just like mine,
Likes to see the sun set over the sea.
Facing that vastness your ecstasy awakens,
And the charm of evenings is dear to your beautiful soul!

A mysterious and sweet sympathy
Already binds me to you like a living bond
And my soul quivers, invaded by love,
And my heart cherishes you without knowing you well!

sif quand je t'ai ren - con - tré - e: Je
sempre legato
sens moins au - jour - d'hui, mon obs - ti - né tour - ment.
O dis - moi, Se - rais - tu la femme i - nes - pé -
ré - e Et le rêve i - dé - al pour - sui -

11
p
vi vai - ne - ment? O pas - san - te aux doux
pp
13
yeux, se - rais - tu donc l'a - mi - e Qui ren - drait le bon -
15
poco a poco cresc.
heur au po - ète i - so - lé? Et vas - tu ray - on -
poco a poco cresc.
17
ner sur mon âme af - fer - mi - e, Com - me le ciel na -

19
mf
tal sur un coeur d'ex - i -
mf
f
21
lé?
p
Ta tris - tes - se sau -
p sempre
23
vage, à la mien - ne pa - reil - le, Aime à
25
voir le so - leil dé - cli - ner sur la mer.

27
De - vant l'im - men - si - té ton ex - ta - se s'é -
29
veil - le, Et le char - me des soirs, à ta belle
31
âme est cher. U - ne mys - té - ri -
dolce
pp
33
euse et dou - ce sym - pa - thi - e Dé - jà m'en - chaîne à

35
poco a poco cresc.
toi comme un vi - vant li - en, Et mon â - me fré -
poco a poco cresc.
37
mit, par l'a - mour en - va - hi - e, Et mon coeur te ché -
39
f
rit, sans te con - naî - - tre
f
41
bien!
p
pp

Toujours

1878

poem by Charles Grandmougin

Op. 21, no. 2. See "Rencontre" for notes on the entire song cycle *Poème d'un jour.*

Toujours	*Forever*
Vous me demandez de me taire, De fuir loin de vous pour jamais, Et de m'en aller solitaire, Sans me rappeler qui j'aimais!	*You ask me to keep silent, To flee far from you forever, And to go away, lonely, Without remembering whom I loved!*
Demandez plutôt aux étoiles De tomber dans l'immensité, A la nuit de perdre ses voiles, Au jour de perdre sa clarté!	*Rather ask the stars To fall into the immensity of space, The night to lose its veils, The day to lose its light!*
Demandez à la mer immense De dessécher ses vastes flots, Et, quand les vents sont en démence, D'apaiser ses sombres sanglots!	*Ask the immense sea To dry up its vast waves, And when the winds are in mad fury To calm its somber moaning!*
Mais n'espérez pas que mon âme S'arrache à ses âpres douleurs, Et se dépouille de sa flamme Comme le printemps de ses fleurs.	*But do not hope that my soul Will tear itself away from its bitter sorrows And will shed its passion As spring sheds its flowers.*

7
mais, Et de m'en al - ler so - li - tai - re, Sans me
10
rap - pe - ler qui j'ai - mais!
p
Deman - dez plu - tôt aux é -
p
13
toi - les De tom - ber dans l'im - men - si - té, A la
cresc.
16
nuit de per - dre ses voi - les, Au jour de

18
per - dre sa clar - té!
f
De - man -
20
dez à la mer im - men - se De des - sé -
f
22
cher ses vas - tes flots,
24
sempre f
Et, quand les vents sont en dé -
sempre

26
men - - - ce,
f
Ped.
28
D'a - pai - ser ses som - bres san -
30
glots!
p
pp
Mais n'es - pé - rez pas que mon
33
poco a poco cresc.
â - me S'ar - rache à ses â - pres dou -

35
leurs, Et se dé - pouil - le de sa
38
flam - me
Com - me le prin -
marcato
f
f sempre
41
temps de ses fleurs.
44
p

original key

Adieu

1878

poem by Charles Grandmougin

Op. 21. See "Rencontre" for notes on the entire song cycle *Poème d'un jour.*

Adieu	*Farewell*
Comme tout meurt vite, la rose Déclose, Et les frais manteaux diaprés Des prés; Les longs soupirs, les bien-aimées, Fumées!	*How fast everything dies, the rose* *That has opened up,* *And the fresh mottled cloaks* *Of the meadows;* *The long sighs, the beloved women,* *Who have vanished in smoke!*
On voit dans ce monde léger, Changer Plus vite que les flots des grèves, Nos rêves! Plus vite que le givre en fleurs, Nos coeurs!	*In this fickle world we see* *The change,* *Faster than that of the shore's waves,* *Of our dreams!* *Faster than that of hoarfrost into flowers,* *Of our hearts!*
A vous l'on se croyait fidèle, Cruelle, Mais hélas! les plus longs amours Sont courts! Et je dis en quittant vos charmes Sans larmes, Presqu'au moment de mon aveu, Adieu!	*To you one thought oneself faithful,* *Cruel woman,* *But alas! the longest love affairs* *Are short!* *And I say upon leaving your charms* *Without tears,* *Almost at the moment of my avowal,* *Farewell!*

8
p
prés Des prés; Les longs sou-pirs, les bien-ai-mé - es, Fu-mé -
dolcissimo
12
es! On voit dans ce mon-de lé -
dolce
Ped. Ped. ✻ Ped. ✻ Ped. ✻
16
ger, Chan-ger Plus vi-te que les flots des grè - ves, Nos rê - ves! Plus
Ped. ✻ Ped. ✻ Ped. ✻
19
mf
vi - te que le givre en fleurs, Nos coeurs!
mf
Ped. ✻ Ped. ✻ Ped. ✻

22
p
p
A vous l'on se cro-yait fi - dè - le, Cru-el - le,
mf
p
Ped.
25
cresc.
Mais hé - las! les plus longs a - mours Sont courts! Et je dis en quit-tant vos
28
dolce
pp
char - mes Sans lar - mes, Pres-qu'au mo-ment de mon a - veu, A -
pp sempre
31
dieu!

original key: B-flat minor

Les berceaux

1879

poem by Sully-Prudhomme

Op. 23, no. 1. Dedicated to Mademoiselle Alice Boissonnet. Published by Hamelle, 1881; Second collection, no. 7. First performance, Société nationale de musique, December 9, 1882, Jane Huré.

Les berceaux	*The cradles*
Le long du quai, les grands vaisseaux, Que la houle incline en silence, Ne prennent pas garde aux berceaux, Que la main des femmes balance.	*All along the pier the big ships That the surge sways in silence Pay no attention to the cradles That the hands of women rock.*
Mais viendra le jour des adieux, Car il faut que les femmes pleurent, Et que les hommes curieux, Tentent les horizons qui leurrent!	*But the day of farewells will come, For it is necessary that women weep, And that curious men Brave the horizons that lure them!*
Et ce jour-là les grands vaisseaux, Fuyant le port qui diminue, Sentent leur masse retenue Par l'âme des lointains berceaux.	*And on that day the big ships, Fleeing the shrinking port, Feel their bulk held back By the soul of the far-off cradles.*

6
len - ce, Ne pren - nent pas garde
opt.
Que la main des fem mes ba -
8
aux ber-ceaux, Que la main des fem - mes ba -
10
crescendo poco a poco
lan - ce. Mais vien - dra le
crescendo poco a poco
13
jour des a - dieux, Car il faut que les fem - mes pleu - rent,

16
cresc. molto
Et que les hom - mes cu - ri - eux,
cresc. molto
18
f sempre
Ten - tent les ho - ri - zons qui leur - -
f sempre
20
rent!
pp
Et ce jour-là les
p
pp
23
grands vais-seaux, Fuy - ant le port qui di - mi - nu - e,

26
cresc.
Sen - tent leur mas - se re - te - nu - e Par
cresc.
mf
29
l'â - me des loin - tains ber -
p
31
p
ceaux. Par l'â - me des loin -
pp
34
tains ber - ceaux.

Notre amour

1879?

poem by Armand Silvestre

Op. 23, no. 2. (The opus number was added at the request of Fauré by his publisher, Hamelle, in 1896; see Preface for further information.) Dedicated to Madame Castillon. Published by Hamelle, 1882; second collection, no. 8; London, Metzler, 1897.

Notre amour	*Our Love*
Notre amour est chose légère Comme les parfums que le vent Prend aux cimes de la fougère, Pour qu'on les respire en rêvant.	*Our love is a light thing, Like the perfumes that the wind Takes upon the summits from the fern So that they can be inhaled while dreaming.*
Notre amour est chose charmante, Comme les chansons du matin, Où nul regret ne se lamente, Où vibre un espoir incertain.	*Our love is a charming thing, Like the songs of the morning, In which no sorrow is lamented, In which an uncertain hope vibrates.*
Notre amour est chose sacrée, Comme les mystères des bois, Où tressaille une âme ignorée, Où les silences ont des voix.	*Our love is a sacred thing, Like the mysteries of the woods, Where an unknown soul is throbbing, Where silences have voices.*
Notre amour est chose infinie, Comme les chemins des couchants, Où la mer, aux cieux réunie, S'endort sous les soleils penchants.	*Our love is an infinite thing. Like the paths of sunsets, Where the sea, reunited with the skies, Falls asleep under the suns that lean over.*
Notre amour est chose éternelle, Comme tout ce qu'un dieu vainqueur A touché du feu de son aile, Comme tout ce qui vient du coeur.	*Our love is an eternal thing, Like everything that a conquering god Has touched with the fire of his wing, Like everything that comes from the heart.*

3
p e leggiero e legato
Notre a - mour est cho - se lé - gè - re Com-me les par-fums que le vent Prend aux
5
ci - mes de la fou - gè - re, Pour qu'on les res - pire en rê - vant. Notre a -
7
mour est cho - se lé - gè - re!
9
sempre leggiero e legato
Notre a - mour est cho - se char-man - te, Com-me les chan-sons du ma - tin, Où
p

11

nul re-gret ne se la-men - te, Où vibre un es-poir in-cer-tain. Notre a-

13

mour est cho - se char-man - te!

15

Notre a-mour est cho - se sa-cré - e, Com-me les mys-tè - res des bois, Où tres-

17

saille une âme ig-no-ré - e, Où les si-len-ces ont des voix. Notre a-

19
mour est cho - se sa - cré - e!
21
dolce
Notre a - mour est chose in - fi - ni - e, Com - me les che-mins des cou-chants,
23
Où la mer, aux cieux ré - u - ni - e, S'en - dort sous les so - leils pen-chants.
25
crescendo
Notre a - mour est chose é - ter - nel - le,
p
crescendo

27
sempre
Com - me tout ce qu'un dieu vain-queur A tou - ché du feu de son ai - le,
sempre

29
cresc.
Com - me tout ce qui vient du coeur. Notre a - mour,
cresc.

31
f
Notre a - mour est cho - se é - ter -
f

* This optional note originated with the composer.

Le secret

1880-81

poem by Armand Silvestre

Op. 23, no. 3. Dedicated to Mademoiselle Alice Boissonnet. Published by Hamelle, 1881; second collection, no.9; London, Metzler, 1897. First performance Société nationale de musique, January 1883, André Quirot, bass.

Le secret	*The secret*
Je veux que le matin l'ignore Le nom que j'ai dit à la nuit, Et qu'au vent de l'aube, sans bruit, Comme une larme il s'évapore.	*I want the morning not to know The name that I told to the night, And that in the wind of dawn, noiselessly, Like a tear it should evaporate.*
Je veux que le jour le proclame L'amour qu'au matin j'ai caché, Et sur mon coeur ouvert penché Comme un grain d'encens, il l'enflamme.	*I want the day to proclaim The love that I hid from the morning, And that, leaning over my open heart, It should set it on fire like a grain of incense.*
Je veux que le couchant l'oublie Le secret que j'ai dit au jour, Et l'emporte avec mon amour, Aux plis de sa robe pâlie!	*I want the sunset to forget The secret that I told to the day, And carry it away with my love, In the folds of its pale dress!*

7
vent de l'au - be, sans bruit, Comme u - ne larme il s'é - va -
10
più f
po - re. Je veux que le jour le pro -
pp
mf
14
p
cla - me L'a - mour qu'au ma - tin j'ai ca - ché, Et sur mon
p
17
cresc.
f
cœur ou - vert pen - ché Comme un grain d'en - cens, il l'en -
cresc.
f

20
pp
flam - me.
Je veux que le cou-chant l'ou -
p
pp sempre
24
f
bli - e Le se - cret que j'ai dit au jour, Et l'em -
mf
27
pp
porte a - vec mon a - mour, Aux plis de sa ro - be pâ - li -
pp al fine
31
e!
Ped.

original key: F major

Chanson d'amour

1882

poem by Armand Silvestre

Op. 27, no.1. Dedicated to Mademoiselle Jane Huré. Published by Hamelle, 1882; second collection, no.10. First performance, Société nationale de musique, December 9, 1882, Jane Huré, soprano. Fauré lengthened Silvestre's poem by using the first four lines as a refrain.

Chanson d'amour	*Song of Love*
J'aime tes yeux, j'aime ton front, O ma rebelle, ô ma farouche, J'aime tes yeux, j'aime ta bouche Où mes baisers s'épuiseront.	*I love your eyes, I love your forehead, O my rebellious one, o my fierce one, I love your eyes, I love your mouth Where my kisses will exhaust themselves.*
J'aime ta voix, j'aime l'étrange Grâce de tout ce que tu dis, O ma rebelle, ô mon cher ange, Mon enfer et mon paradis!	*I love your voice, I love the strange Grace of everything you say, O my rebellious one, o my dear angel, My hell and my paradise!*
J'aime tout ce qui te fait belle, De tes pieds jusqu'à tes cheveux, O toi vers qui montent mes voeux, O ma farouche, ô ma rebelle!	*I love everything that makes you beautiful, From your feet to your hair, O you, toward whom all my wishes rise up, O my fierce one, my rebellious one!*

7

pp *senza rigore* *(a tempo)*

J'ai - me tes yeux, j'ai - me ta bou - che Où mes bai-sers s'é-pui-se - ront.

pp *marcato*

11

p

J'ai - me ta

p

15

poco a poco cresc.

voix, j'ai - me l'é-tran-ge Grâ - ce de tout ce que tu dis, O ma re-belle,

19

f *p*

ô mon cher an - ge, Mon en-fer et mon pa-ra - dis! J'ai - me tes yeux,

cresc *mf* *p*

23
pp
j'ai - me ton front, O ma re-belle, ô ma fa - rou - che, J'ai - me tes yeux,
pp
27
senza rigore
(a tempo)
j'ai - me ta bou - che Où mes bai-sers s'é-pui - se - ront.
marcato
31
p
J'ai - me tout ce qui te fait bel - le,
p
35
cresc. poco a poco
mf
De tes pieds jus-qu'à tes che - veux, O toi vers qui mon - tent mes vœux, O ma fa-
cresc. poco a poco

39

p

rouche, ô ma re - bel - le! J'ai - me tes yeux, j'ai - me ton front,

p

43

pp

O ma re-belle, ô ma fa - rou - che, J'ai - me tes yeux, j'ai - me ta bou - che

pp

47

p *poco rit.* *a tempo*

Où mes bai-sers s'é-pui-se - ront. Où mes bai-sers s'é-pui-se - ront.

p *poco rit.* *marcato*

51

original key: A-flat major

Aurore

1884

poem by Armand Silvestre

Op. 39, no. 1. Dedicated to Madame Henriette Roger-Jourdain. Published by Hamelle, 1885; second collection, no.12. First performance, Société nationale de musique, December 13, 1884, Marguerite Mauvernay.

Aurore	*Dawn*
Des jardins de la nuit s'envolent les étoiles Abeilles d'or qu'attire un invisible miel, Et l'aube, au loin tendant la candeur de ses toiles, Trame de fils d'argent le manteau bleu du ciel.	*From the gardens of night the stars are flying away, Golden bees attracted by an invisible honey, And the dawn, extending the whiteness of its cloth in the distance, Weaves with silver threads the blue cloak of the sky.*
Du jardin de mon coeur qu'un rêve lent enivre S'envolent mes désirs sur les pas du matin, Comme un essaim léger qu'à l'horizon de cuivre Appelle un chant plaintif, éternel et lointain.	*From the garden of my heart intoxicated by a slow dream My desires fly away upon the steps of morning, Like a light swarm called in the copper horizon By a plaintive, eternal and faraway song.*
Ils volent à tes pieds, astres chassés des nues, Exilés du ciel d'or où fleurit ta beauté Et, cherchant jusqu'à toi des routes inconnues, Mêlent au jour naissant leur mourante clarté.	*They fly to your feet, those stars chased from the clouds, Exiled from the golden sky where your beauty flourishes And, seeking unknown paths toward you, Mingle their dying light with the dawning day.*

7
poco a poco cresc.
Et l'aube, au loin ten - dant la can - deur de ses
poco a poco cresc.
10
toi - les, Tra - me de fils d'ar - gent le man - teau bleu du
13
ciel.
15
Du jar - din de mon coeur qu'un
pp sempre

18
rê - ve lent en - i - vre S'en - vo - lent mes dé -

21
sirs sur les pas du ma - tin,

sempre ***pp***

24
cresc.
Com - me un es - saim lé - ger qu'à l'ho - ri - zon de

27
f *express.*
cui - vre Ap - pelle un chant plain - tif, é - ter -

30
nel et loin - tain.
32
f
Ils vo - lent à tes pieds,
mf
34
as - tres chas - sés des nu - es,
36
meno f
Ex - i - lés du ciel d'or où fleu - rit ta beau - té
p

38

poco a poco cresc.

Et, cher - chant jus - qu'à

poco a poco cresc.

40

p *poco rit.*

toi des rou - tes in - con - nu - es, Mê - lent au jour nais -

p *poco rit.*

43

p

sant leur mou - ran - te clar - té.

a tempo

pp

45

original key

Fleur jetée

1884

poem by Armand Silvestre

Op. 39, no. 2. Dedicated to Madame Jules Gouin. Published by Hamelle, 1885; second collection, no.13. First performance, Société nationale de musique, December 13, 1884, Marguerite Mauvernay.

Fleur jetée	*Castoff flower*
Emporte ma folie Au gré du vent, Fleur en chantant cueillie Et jetée en rêvant. —Emporte ma folie Au gré du vent!	*Carry away my madness* *At the pleasure of the wind,* *Flower gathered while singing* *And thrown away while dreaming.* *—Carry away my madness* *At the pleasure of the wind!*
Comme la fleur fauchée Périt l'amour. La main qui t'a touchée Fuit ma main sans retour —Comme la fleur fauchée, Périt l'amour!	*Like the mown flower* *Love perishes,* *The hand that touched you* *Shuns my hand forever.* *—Like the mown flower* *Love perishes!*
Que le vent qui te sèche, O pauvre fleur, Tout à l'heure si fraîche Et demain sans couleur! —Que le vent qui te sèche, Sèche mon coeur!	*May the wind that dries you out,* *O poor flower,* *So fresh a little while ago,* *And tomorrow with no color,* *—May the wind that dries you out,* *Dry out my heart!*

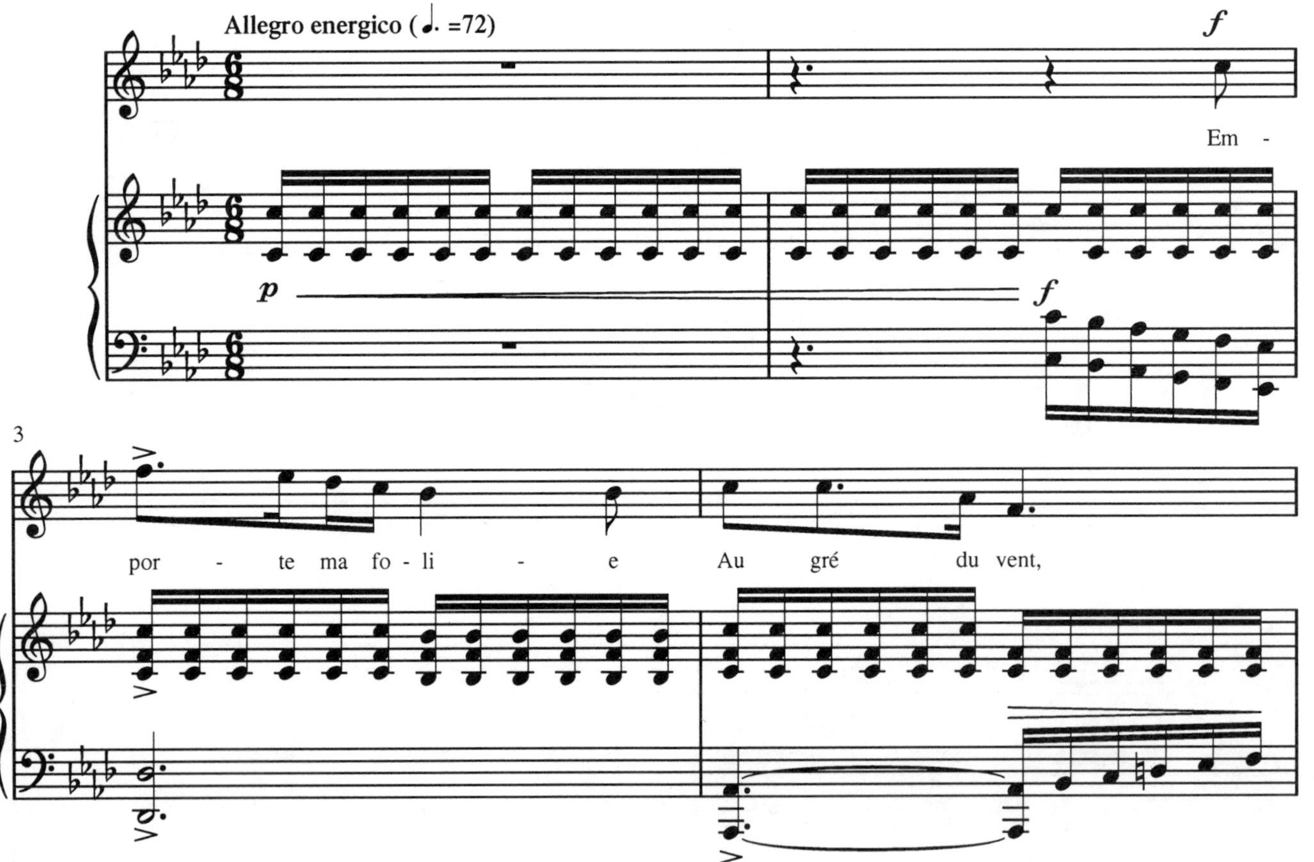

5
mf
Fleur en chan - tant cueil - li - e
p
7
cresc.
Et je - tée en rê - vant. Em -
9
mf
por - te ma fo - lie Au gré du
f
11
vent!
p

13
p
Com - me la fleur fau - ché - e Pé -
p
[♭]
15
cresc.
rit l'a - mour. La
17
main qui t'a tou - ché - e Fuit ma
sf
19
cresc. molto
main sans re-tour Com-me la fleur fau -
cresc.

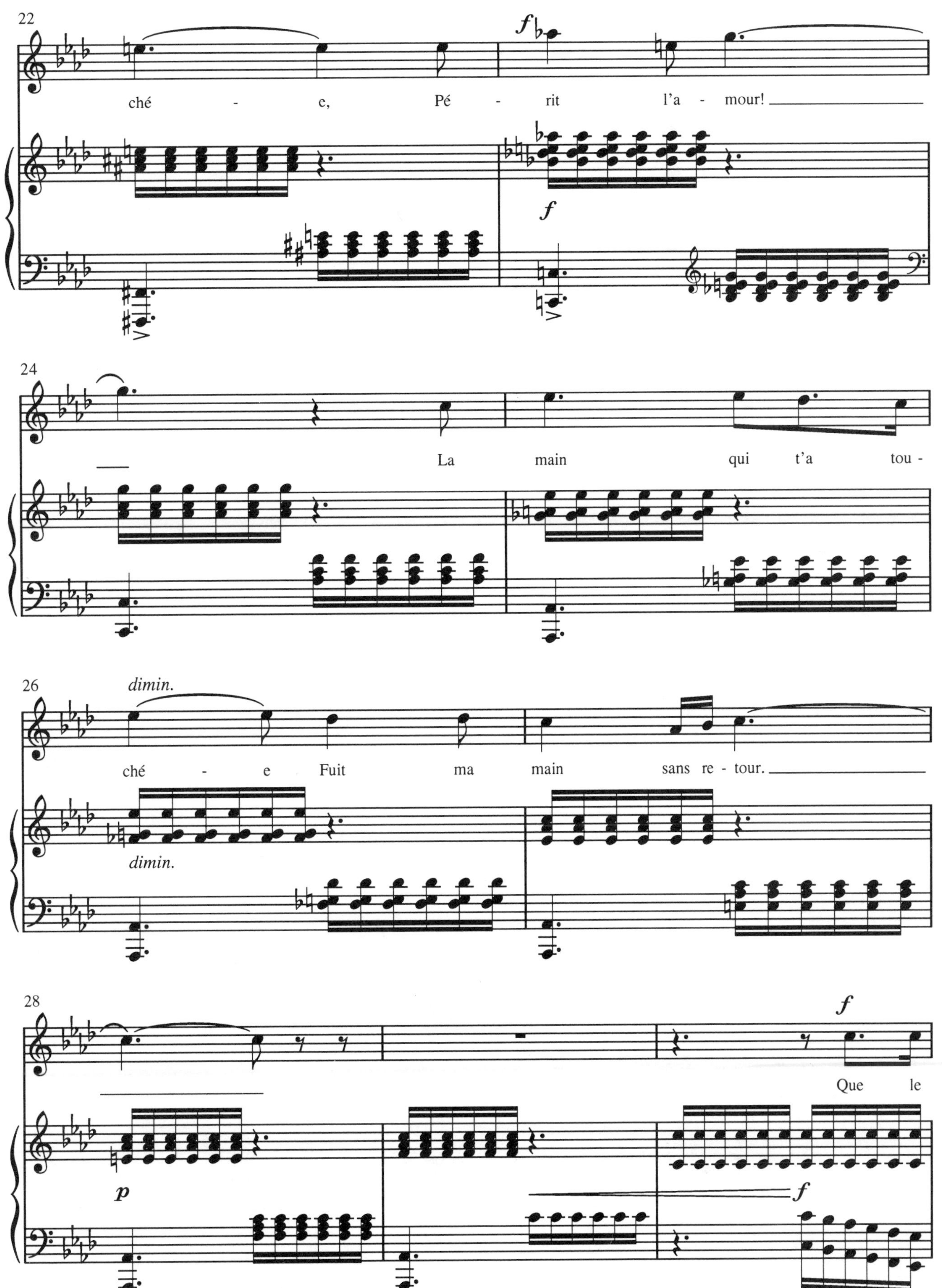
22
chè - e, Pé - rit l'a - mour!
24
La main qui t'a tou -
26
dimin.
ché - e Fuit ma main sans re - tour.
28
Que le

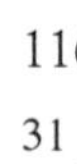

31
vent ___ qui te sè - che, O pau - vre fleur,

33
mf
Tout à l'heu - re si fraî - che

35
cresc.
Et de - main sans cou - leur! ___ Que le

37
f sempre
vent ___ qui te sè - che, O ___ pau - vre

39
fleur,
Que le
40
vent qui te sè - che,
Sè - che mon
42
coeur!
44

Les roses d'Ispahan

1884

poem by Leconte de Lisle

Op. 39, no. 4. Dedicated to Mademoiselle Louise Collinet. Published by Hamelle, 1885; second collection, no. 15. First performance, Société nationale de musique, December 27, 1884, Thérèse Guyon. First performance with Fauré's orchestration, Aix-les-Bains, August 1891, conductor Edouard Colonne. "Les Roses d'Ispahan" was composed to pair with "Aurore", the first song of the opus. Fauré omitted two lines from the original poem.

Les roses d'Ispahan

Les roses d'Ispahan dans leur gaine de mousse,
Les jasmins de Mossoul, les fleurs de l'oranger
Ont un parfum moins frais, ont une odeur moins douce,
O blanche Leïlah! que ton souffle léger.

Ta lèvre est de corail, et ton rire léger
Sonne mieux que l'eau vive et d'une voix plus douce,
Mieux que le vent joyeux qui berce l'oranger,
Mieux que l'oiseau qui chante au bord d'un nid de mousse. [...]

O Leïlah! depuis que de leur vol léger
Tous les baisers ont fui de ta lèvre si douce,
Il n'est plus de parfum dans le pâle oranger,
Ni de céleste arôme aux roses dans leur mousse.

Oh! que ton jeune amour, ce papillon léger,
Revienne vers mon coeur d'une aile prompte et douce,
Et qu'il parfume encor la fleur de l'oranger,
Les roses d'Ispahan dans leur gaine de mousse!

The roses of Isfahan

The roses of Isfahan in their sheath of moss,
The jasmines of Mosul, the flowers of the orange tree
Have a scent less fresh, have an aroma less sweet,
O fair Leilah, than your soft breath!

Your lips are of coral, and your soft laughter
Sounds better than flowing water and with sweeter voice,
Better than the joyful wind that rocks the orange tree,
Better than the bird singing on the edge of a mossy nest.

O Leilah! Ever since with their light soaring
All the kisses have fled from your lips so sweet
There is no more scent in the pale orange tree,
Nor celestial aroma from the roses in their moss.

Oh! May your young love, that light butterfly,
Come back toward my heart on a speedy and gentle wing,
And may it again scent the flower of the orange tree,
The roses of Isfahan in their sheath of moss!

11
mins de Mos-soul, les fleurs de l'o-ran - ger
15
cresc. poco a poco
Ont un par-fum moins frais, ont u - ne o-deur moins dou - ce,
cresc. poco a poco
19
f
p
Ô blan - che Le - ï - lah! que ton souf - fle lé - ger.
mf
p
p
mf
marcato
p
24
p
Ta lèvre est de co - rail, et ton ri - re lé -

29
ger Son-ne mieux que l'eau vive et d'u-ne voix plus dou - ce,
34
cresc. poco a poco
Mieux que le vent joy - eux qui ber - ce l'o - ran - ger,
cresc. poco a poco
38
f
p
Mieux que l'oi-seau qui chante au bord d'un nid de mous - se.
mf
43
p
sempre dolce
O Le - ï - lah! de - puis que de leur vol lé - ger Tous les bai -
p sempre

48
sers ont fui de ta lè - vre si dou - ce,
52
p
Il n'est plus de par - fum dans le pâle o - ran - ger,
cresc.
Ni de cé-leste a -
p
cresc.
56
f
rô - me aux ro - ses dans leur mous - se.
f marcato
60
p
Oh! que ton jeune a -
dimin.
p

64

mour, ce pa-pil-lon lé - ger, Re - vien-ne vers mon cœur d'une ai - le prompte et

68

cresc. poco a poco

dou - ce, Et qu'il par- fume en - cor la fleur de l'o-ran -

cresc. poco a poco

72

f

poco rit.

a tempo

ger, Les ro - ses d'Is-pa-han dans leur gai - ne de mous -

mf

poco rit.

a tempo

p

77

se. ________

original key: B-flat minor

Clair de lune

1887
poem by Paul Verlaine

Op. 46, no.2. Dedicated to Monsieur Emmanuel Jadin. Published by Hamelle, 1888; second collection, no.19; London, Metzler, 1897. With orchestra, by the composer 1888. First performance, Société nationale de musique, April 1888, Marice Bagès, tenor, with orchestra. "Clair de lune" is found in Paul Verlaine's collection of poetry entitled *Fêtes galantes.* "Clair de lune" was also part of *Masques et bergamasques,* which was a musical comedy in one act, words by René Fauchois. The program notes by Fauchois read:

The story of "Masques" is very simple. The characters Harlequin, Gilles and Colombine, whose task is usually to amuse the aristocratic audience, take their turn at being spectators at a 'fête galante' on the island of Cythera. The lords and ladies who as a rule applaud their efforts now unwittingly provide them with entertainment by their coquettish behaviour. (Nectoux p.336)

The first performance of *Masques et bergamasques* was April 10, 1919 in Monte Carlo, conducted by Léon Jehin.
The movements are as follows: 1 Ouverture, 2 Pastorale, 3 Madrigal, 4 Le plus doux chemin (song, op. 87, no.1, Silverstre), 5 Menuet, 6 Clair de lune (song, op. 46, no.2, Verlaine), 7 Gavotte, 8 Pavane

Clair de lune	*Moonlight*
Votre âme est un paysage choisi	*Your soul is a select landscape*
Que vont charmant masques et bergamasques	*That is being charmed by maskers and bergamasks,* [1]
Jouant du luth et dansant et quasi	*Playing the lute and dancing and almost*
Tristes sous leurs déguisements fantasques.	*Sad under their whimsical disguises.*
Tout en chantant sur le mode mineur	*Although singing in a minor key*
L'amour vainqueur et la vie opportune,	*Of conquering love and seasonable life,*
Ils n'ont pas l'air de croire à leur bonheur	*They do not seem to believe in their happiness*
Et leur chanson se mêle au clair de lune,	*And their song mingles with the moonlight,*
Au calme clair de lune triste et beau,	*In the calm, sad and beautiful moonlight,*
Qui fait rêver les oiseaux dans les arbres	*That makes the birds dream in the trees*
Et sangloter d'extase les jets d'eau,	*And the fountains sob with rapture,*
Les grands jets d'eau sveltes parmi les marbres.	*The big slender fountains amidst the marble statues.*

[1] Although the term "bergamask" normally refers to a dance, Verlaine was apparently thinking of those characters of the Italian comedy, such as Harlequin, who spoke in the dialect of Bergamo.

7
10
12
p
Votre âme est un pa - y - sa - ge choi - si
pp
15
3
Que vont char - mant mas - ques et ber - ga - mas - ques
sempre cantabile

18
Jou - ant du luth et dan - sant et qua - si
Ped. * Ped. * Ped. *
21
Tris - tes sous leurs dé - gui - se - ments fan -
Ped. * Ped. * Ped. *
23
tas - ques.
p
Ped. * Ped. * Ped. * Ped. *
26
dolce
Tout en chan - tant sur le mo-de mi - neur L'a - mour vain - queur
pp

29

— et la — vie op - por - tu - ne,

31

Ils n'ont pas l'air de croire à leur bon -

34

heur Et leur chan - son se mêle au clair de

36

lu - ne,

pp

Ped.

39
espressivo e dolce
Au cal - me clair de lu - ne
42
triste et beau, Qui
dolce
44
fait rê - ver les oi - seaux dans les
46
meno p
ar - bres Et san - glo - ter d'ex -

49
ta - se les jets d'eau,
pp
sempre
52
poco più
Les grands jets d'eau svel - tes par - mi les
55
mar - bres.
dolce
58

original key

Larmes

1888

poem by Jean Richepin

Op. 51, no. 1. Dedicated to Madame la princesse Edmond de Polignac née Winnareta Singer (daughter of Isaac Singer of the Singer Sewing Machine Co.). Published by Hamelle, 1888, second collection, no. 20, later third collection, no. 1.

Larmes	*Tears*
Pleurons nos chagrins, chacun le nôtre, Une larme tombe, puis une autre. Toi, qui pleures-tu? ton doux pays, Tes parents lointains, ta fiancée. Moi, mon existence dépensée En voeux trahis!	*Let us weep over our sorrows, each for our own.* *One tear falls, then another.* *For whom are you weeping? For your sweet country,* *Your faraway parents, your fiancée.* *I weep for my existence, consumed* *In betrayed love!*
Pleurons nos chagrins, chacun le nôtre, Une larme tombe, puis une autre. Semons dans la mer ces pâles fleurs A notre sanglot qui se lamente Elle répondra par la tourmente Des flots hurleurs.	*Let us weep over our sorrows, each for our own.* *One tear falls, then another.* *Let us strew these pale flowers in the sea.* *To our lamenting moan* *It will respond with the torment* *Of the howling waves.*
Pleurons nos chagrins, chacun le nôtre; Une larme tombe, puis une autre. Peut-être toi-même, ô triste mer, Mer au goût de larme âcre et salée, Es-tu de la terre inconsolée Le pleur amer!	*Let us weep over our sorrows, each for our own.* *One tear falls, then another.* *Perhaps you yourself, o sad sea,* *Sea with the taste of an acrid, salty tear,* *Are, from the unconsoled land,* *The bitter tear!*

3
rons nos cha-grins, cha-cun le nô - tre, U-ne
5
lar - me tom - be, puis ne au - tre.
7
Toi, qui pleu - res - tu?
3
9
ton doux pa - ys,
p
Tes pa-rents loin -
p
(♮)

11
tains, ta fi - an - cé - e.
13
Moi, mon ex - is - ten - ce dé - pen -
15
sée En vœux tra - his! Pleu -
17
rons nos cha-grins, cha-cun le nô - tre, U - ne

19
lar - me tom - be, puis une au - tre.
21
p
Se - mons dans la mer ces
p
23
pâ - les fleurs
cresc.
A no - tre san - glot qui
3
cresc.
25
se la - men - te
f
El - le ré - pon -
f

27
dra par la tour - men - te Des flots hur -
29
leurs.
Pleu -
31
rons nos cha - grins, cha - cun le nô - tre;
33
U - ne lar - me tom - be,

35
p
Puis une au - tre.
p
37
cresc
Peut - ê - tre toi - même, ô tris - te
3
mf
39
mer, Mer au goût de larme âcre et sa -
3
41
molto crescendo
lé - e, Es -
crescendo molto

43
tu de la terre in - con - so -
45
lé - - - e Le pleur a -
f
47
ff
mer!
ff
49
molto dimin.
pp
8va

original key

Au cimetiére

1888

poem by Jean Richepin

Op. 51, no. 2. Dedicated to Madame Maurice Sulzbach. Publishec by Hamelle, 1888; second collection, no. 21, later third collection, no. 2. First performance, Société nationale de musique, February 2, 1889, Maurice Bagès, tenor.

Au cimetière	*In the Cemetery*
Heureux qui meurt ici, Ainsi Que les oiseaux des champs! Son corps près des amis, Est mis Dans l'herbe et dans les chants.	*Happy is the man who dies here Just like The birds of the fields! His body, near friends, Is put Into the grass and into songs.*
Il dort d'un bon sommeil Vermeil, Sous le ciel radieux. Tous ceux qu'il a connus, Venus, Lui font des longs adieux.	*He sleeps with a good Rosy slumber Under the radiant sky. All those he has known, Having come, Bid him long farewells.*
A sa croix les parents Pleurants, Restent agenouillés, Et ses os sous les fleurs, De pleurs Sont doucement mouillés.	*At his cross the relatives, Weeping, Remain kneeling; And his bones, under the flowers, With tears Are gently moistened.*
Chacun sur le bois noir, Peut voir S'il était jeune ou non, Et peut avec de vrais Regrets, L'appeler par son nom.	*Everyone, upon the black wooden marker, Can see Whether he was young or not, And can, with true Regret, Call him by his name.*
Combien plus malchanceux Sont ceux Qui meurent à la mé Et sous le flot profond S'en vont Loin du pays aimé!	*How much more unlucky Are those Who die at sea, And under the deep wave Go far away From the beloved country!*
Ah! pauvres! qui pour seuls Linceuls Ont les goémons verts, Où l'on roule inconnu, Tout nu, Et les yeux grands ouverts!	*Ah! Poor men! who for their only Shrouds Have the green seaweed, Where one rolls, unknown, Stark naked, And one's eyes wide open!*

Andante ♩ = 66
dolce e sereno
pp
Heu - reux qui meurt i - ci, Ain - si que
5
les oi - seaux des champs! Son corps près des a - mis, Est mis dans
9
l'herbe et dans les chants. Il dort d'un bon som - meil ver - meil,
13
Sous le ciel ra - di - eux. Tous ceux qu'il a con - nus, ve - nus,

17

—— Lui font des longs a - dieux. —— A sa croix les pa - rents pleu-rants,

simile

21

mf

Res - tent a - ge - nouil - lés. Et ses os, sous les fleurs, de pleurs

mf

25

p

Sont dou - ce - ment mouil - lés. —— Cha - cun sur le bois noir, Peut voir s'il

p

29

é - tait jeune ou non, Et peut, a - vec de vrais re - grets, L'ap - pe -

33
pp
ler par son nom.
f
Com -
pp
cresc. molto
37
declamato
bien plus mal-chan - ceux sont ceux qui meu - rent à la mé,
f
41
Et sous le flot pro - fond S'en vont loin du pa - ys ai - mé!
45
sempre f
Ah! pau - vres! qui pour seuls lin - ceuls Ont les go - é - mons verts,

49
Où l'on roule in - con - nu, tout nu, Et les yeux grands ou -
Ped.
52
verts!
ff
dimin.
55
dolce
Heu - reux qui meurt i -
pp
59
ci, Ain - si que les oi - seaux des champs! Son corps près des a -

63
pp sempre
mis, Est mis dans l'herbe et dans les chants. Il
66
pp sempre
dort d'un bon som - meil ver - meil, Sous le ciel ra - di -
69
poco rit.
eux. Tous ceux qu'il a con - nus, Ve - nus, Lui font des longs a -
poco rit.
73
a tempo
dieux.
a tempo

original key: D minor

Spleen

1888

poem by Paul Verlaine

Op. 51, no. 3. Dedicated to Madame Henri Cochin. Published by Hamelle, 1888; second collection, no. 22, later third collection, no. 3. The word "spleen" comes from Paul Verlaine's collection of poetry entitled *Romances sans paroles.* Spleen is defined as melancholy or boredom in the French language.

Spleen [original poem untitled]	*Spleen*
Il pleure dans mon coeur Comme il pleut sur la ville; Quelle est cette langueur Qui pénètre mon coeur?	*There is weeping in my heart* *As there is rain over the city;* *What is this listlessness* *That is penetrating my heart?*
O bruit doux de la pluie Par terre et sur les toits! Pour un coeur qui s'ennuie O le chant de la pluie!	*O gentle sound of the rain* *On the ground and on the roofs!* *For a heart feeling boredom* *O the song of the rain!*
Il pleure sans raison Dans mon coeur qui s'écoeure. Quoi! nulle trahison?... Mon deuil est sans raison.	*There is weeping for no reason* *In my disgusted heart.* *What! no betrayal?...* *My grieving is for no reason.*
C'est bien la pire peine De ne savoir pourquoi Sans amour et sans haine Mon coeur a tant de peine!	*It is indeed the worst sorrow* *Not to know why* *Without love and without hatred* *My heart has so much sorrow!*

7
pleut sur la vil - le; Quelle
10
est cet - te lan - gueur qui pé - nè - tre mon
mf
13
cœur?
pp
O bruit
p
pp
16
doux de la pluie Par terre et sur les toits!

* "ce" in original poem, apparently changed by the composer.

* "Ce" in original poem, apparently changed by the composer.

43
mour et sans hai - - ne
dim
46
p
Mon cœur a tant de pei - ne!
p
49
52

La rose

c1889-90?
poem by Leconte de Lisle

Op. 51, no. 4. (The opus number was added at the request of Fauré by his publisher, Hamelle, in 1896; see Preface for further information.) Dedicated to Monsieur Maurice Bagès. Published by Hamelle, 1890; second collection, no. 23, later third collection, no. 4. Subtitled "Ode anacréontique."

La rose	*The rose*
Je dirai la rose aux plis gracieux.	*I shall tell of the rose with graceful folds.*
La rose est le souffle embaumé des Dieux,	*The rose is the fragrant breath of the Gods,*
Le plus cher souci des Muses divines.	*The dearest concern of the divine Muses.*
Je dirai ta gloire, ô charme des yeux,	*I shall tell of your glory, o charm of the eyes,*
O fleur de Kypris, reine des collines!	*O flower of Cypris, queen of the hills!*
Tu t'épanouis entre les beaux doigts	*You blossom between the beautiful fingers*
De l'Aube écartant les ombres moroses;	*Of the Dawn dispelling the gloomy shadows;*
L'air bleu devient rose, et roses les bois;	*The blue sky and the woods turn rosy;*
La bouche et le sein des vierges sont roses!	*The mouths and bosoms of the maidens are rosy!*
Heureuse la vierge aux bras arrondis	*How happy the maiden with round arms*
Qui dans les halliers humides te cueille!	*Who gathers you in the damp thickets!*
Heureux le front jeune où tu resplendis!	*How happy the young forehead where you shine!*
Heureuse la coupe où nage ta feuille!	*How happy the cup where your leaf is floating!*
Ruisselante encor du flot paternel,	*When, still glistening from the fatherly waves,*
Quand de la mer bleue Aphrodite éclose	*From the blue sea Aphrodite emerged*
Étincela nue aux clartés du ciel,	*And sparkled naked in the light of the sky,*
La Terre jalouse enfanta la rose;	*The jealous Earth gave birth to the rose,*
Et l'Olympe entier, d'amour transporté,	*And all Olympus, transported with love,*
Salua la fleur avec la Beauté!	*Greeted the flower together with Beauty!*

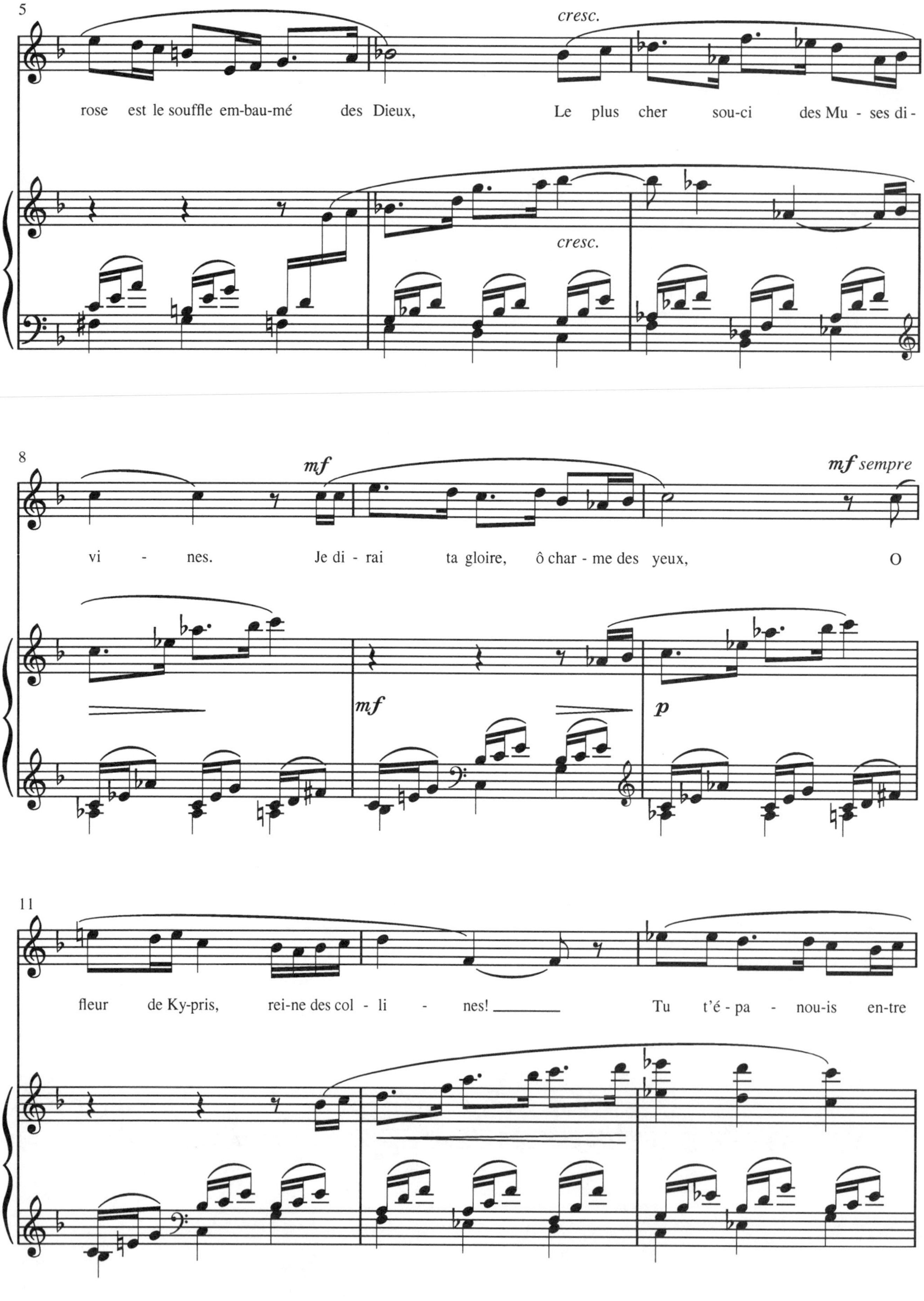

8
mf
mf sempre
vi - nes. Je di - rai ta gloire, ô char - me des yeux, O
mf
p

11
fleur de Ky-pris, rei-ne des col - li - nes! Tu t'é - pa - nou-is en-tre

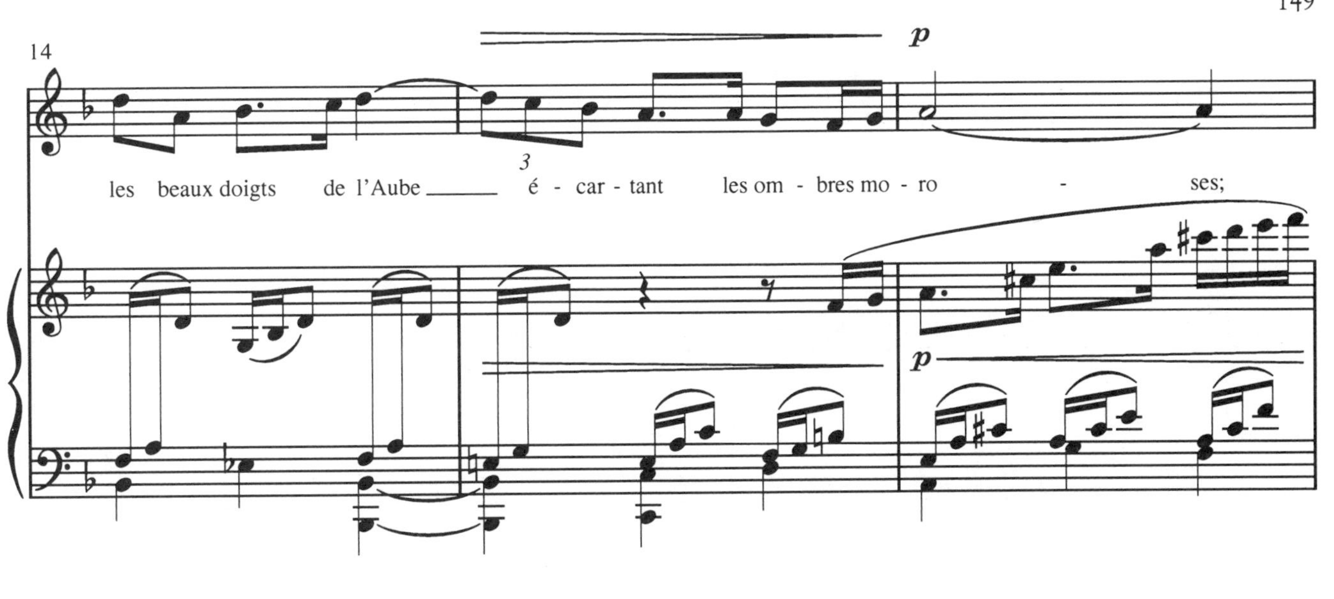
14
p
les beaux doigts de l'Aube ___ é - car - tant les om - bres mo - ro - ses;
3
p

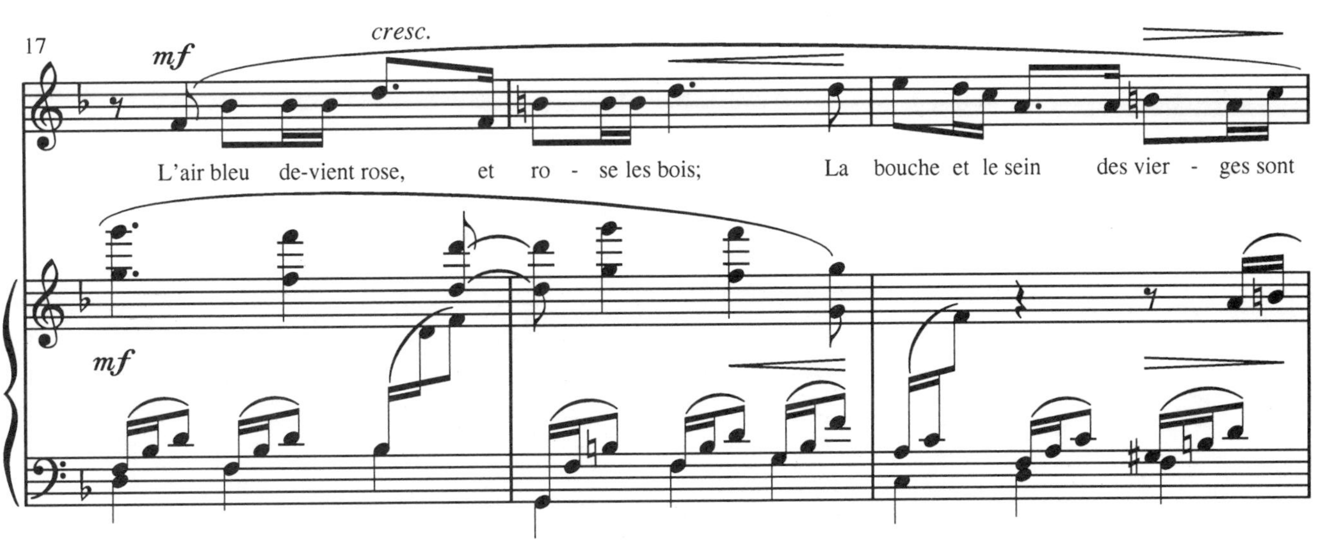
17
mf
cresc.
L'air bleu de-vient rose, et ro - se les bois; La bouche et le sein des vier - ges sont
mf

20
p
mf espressivo
ro - ses! Heu - reu - se la vierge aux bras ar-ron - dis ___ Qui

23
p subito
dans les hal - liers hu - mi - des te cueil - le!
Heu - reux le front jeune où
pp
26
tu re - splen - dis!
Heu - reu - se la coupe où na - ge ta feuil - le!
29
mf sostenuto
Ruis - se - lante en - cor du
8va
pp tranquillamente
pp

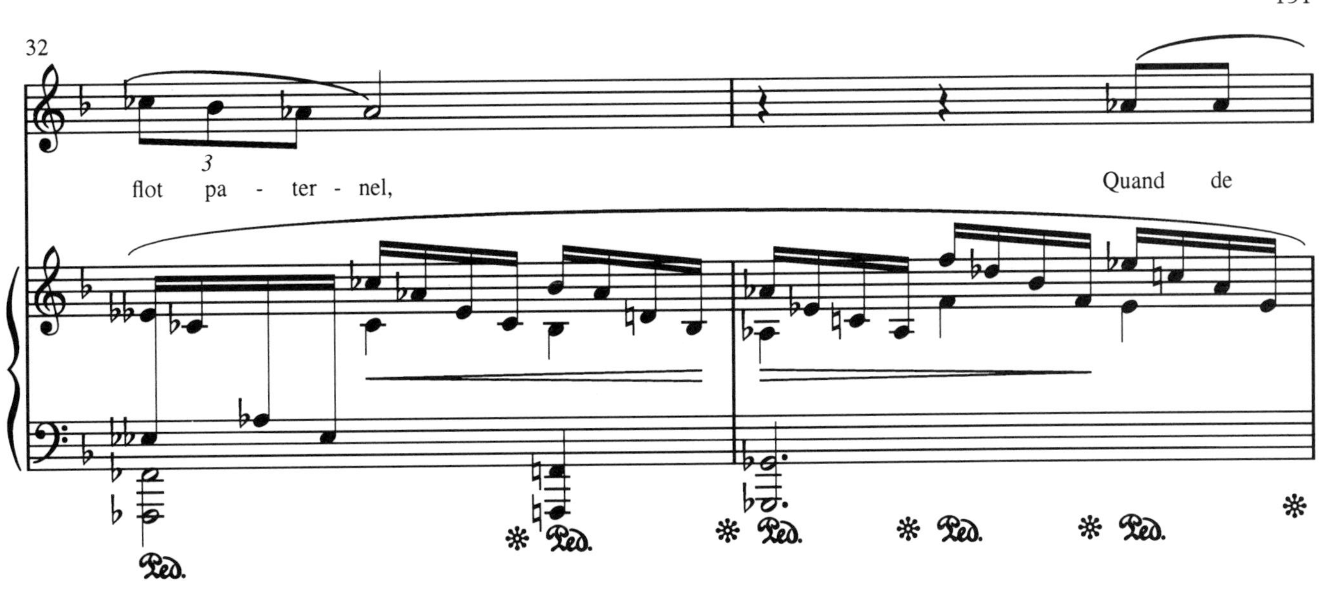
32
flot pa - ter - nel,
Quand de
3

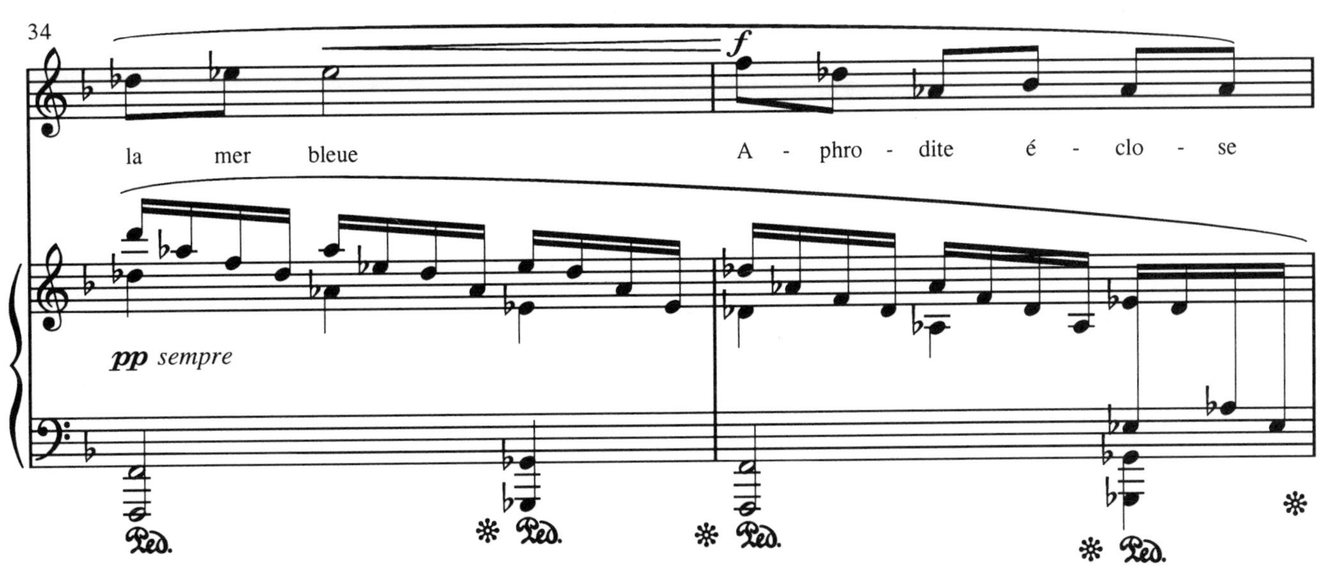
34
la mer bleue
f
A - phro - dite é - clo - se
pp sempre

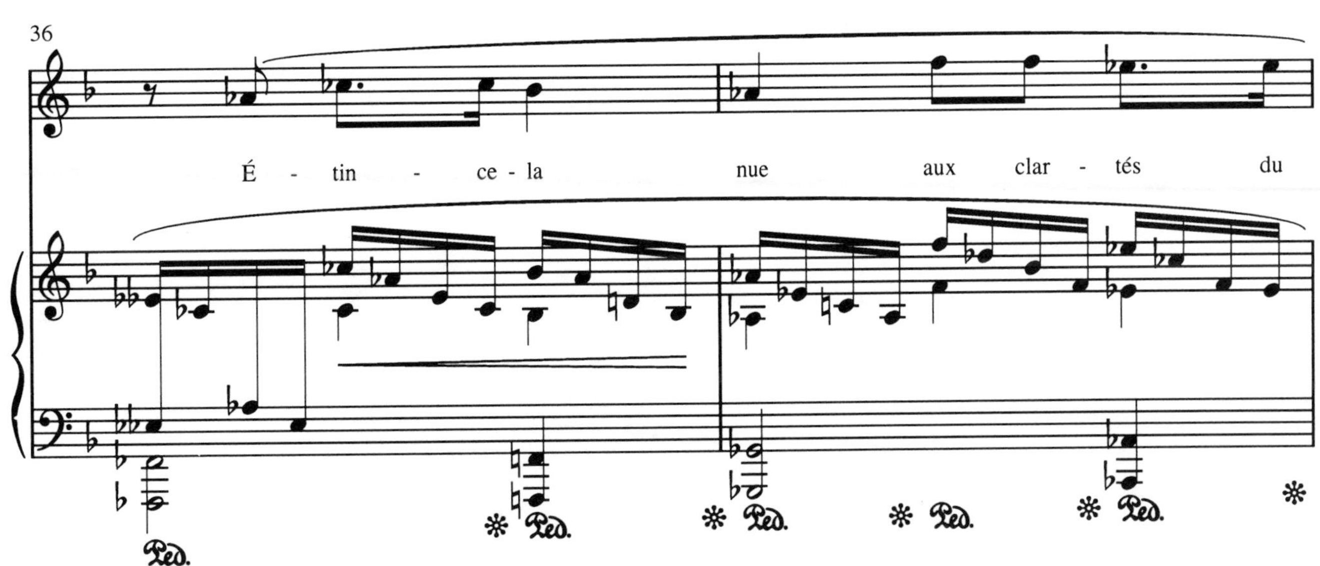
36
É - tin - ce - la
nue aux clar - tés du

38
f sempre
ciel, La Ter - re ja-louse en - fan - ta la
mf sempre
Ped. * Ped. * Ped. * Ped. * Ped. * Ped. * Ped. *
41
f
ro - se; Et l'O - lympe en - tier,
p
f
Ped. * Ped. * Ped. *
44
f sempre
d'a-mour trans - por - té, Sa - lu - a la
8va
p
mf
Ped. * Ped. * Ped. * Ped. * Ped. *

47
sempre f
fleur
a - vec
la
Beau - té!
8va
f
50
dimin.
53
p
Ped.

Chanson

1889

poem by d'Edmond Haraucourt

Op. 57, no. 1. Shylock, incidental music for the play by Edmond Haraucourt, based on Shakespeare's play, *The Merchant of Venice*, for tenor solo and orchestra, op. 57. Dedicated to Monsieur Paul Porel. Published by Hamelle, 1897. First performance, with small orchestra, at the Théâtre de l'Odéon, December 17, 1889, conducted by Gabriel Fauré. In concert with full orchestra, Société nationale de musique, May 17, 1890, Monsieur Leprestre, tenor, conducted by Fauré.

Chanson	*Song*
Oh! les filles! Venez, les filles aux voix douces! C'est l'heure d'oublier l'orgueil et les vertus, Et nous regarderons éclore dans les mousses, La fleur des baisers défendus.	*O girls! Come, girls with sweet voices!* *This is the time to forget pride and virtues,* *And we shall watch, opening up in the moss,* *The flower of forbidden kisses.*
Les baisers défendus, c'est Dieu qui les ordonne Oh! les filles! Il fait le printemps pour les nids, Il fait votre beauté pour qu'elle nous soit bonne, Nos désirs pour qu'ils soient unis.	*It is God who ordains those forbidden kisses.* *O girls! He makes the spring for nests,* *He makes your beauty so that it may be good for us,* *Our desires so that they may be united.*
Oh! filles! Hors l'amour rien n'est bon sur la terre, Et depuis les soirs d'or jusqu'aux matins rosés Les morts ne sont jaloux, dans leur paix solitaire, Que du murmure des baisers!	*O girls! Apart from love nothing on earth is good,* *And from the golden evenings to the rosy mornings,* *The dead are jealous, in their solitary peace,* *Only of the soft sound of kisses!*

8
l'heu-re d'ou - bli-er
l'or - gueil et les ver-tus,
Et nous re-gar - der-ons é-clo - re
11
dans les mous - ses, La fleur des bai-sers dé - fen - dus.
14
Les bai-sers dé - fen - dus,
c'est Dieu qui les or - don - ne
17
Oh! les fil - les! Il fait le prin - temps pour les

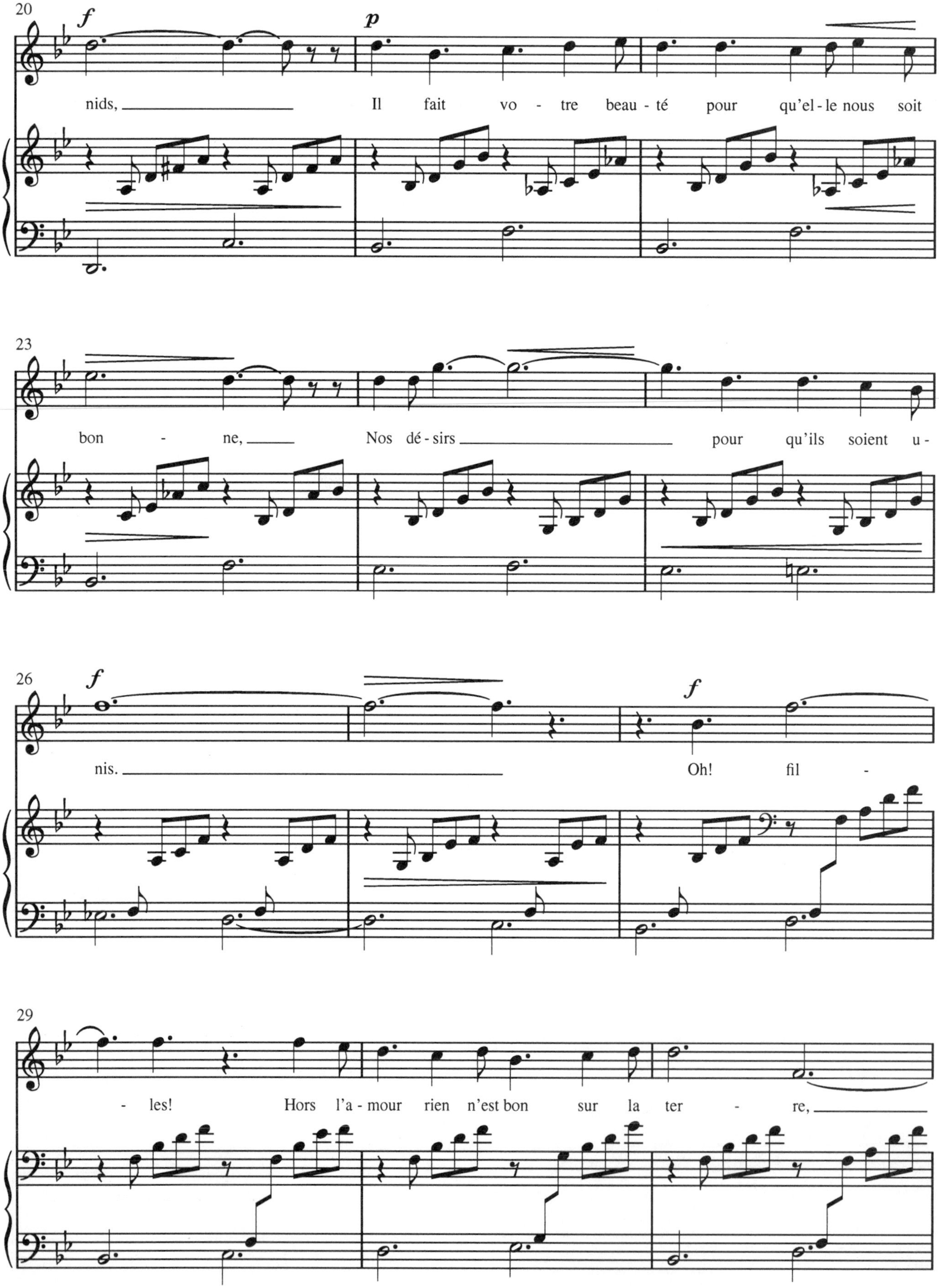

20

f *p*

nids, Il fait vo - tre beau - té pour qu'el - le nous soit

23

bon - ne, Nos dé - sirs pour qu'ils soient u -

26

f *f*

nis. Oh! fil -

32
Et de-puis les soirs d'or jus-qu'aux ma-tins ro-sés Les
35
morts ne sont ja - loux, dans leur paix so - li - tai - re,
38
Que du mur - mu - re des bai -
41
sers!

Madrigal

1889

poem by d'Edmond Haraucourt

Op. 57, no. 2. Shylock, incidental music for the play by Edmond Haraucourt, based on Shakespeare's play, *The Merchant of Venice*, for tenor solo and orchestra, op. 57. Dedicated to Monsieur Paul Porel. Published by Hamelle, 1897. First performance, with small orchestra, at the Théâtre de l'Odéon, December 17, 1889, conducted by Fauré. In concert with full orchestra, Société nationale de musique, May 17, 1890, Monsieur Leprestre, tenor, conducted by Fauré.

Madrigal	*Madrigal*
Celle que j'aime a de beauté Plus que Flore et plus que Pomone, Et je sais, pour l'avoir chanté, Que sa bouche est le soir d'automne, Et son regard la nuit d'été.	*The woman I love has more beauty Than Flora and more than Pomona, And I know, for having sung of this, That her mouth is the autumn evening And her glance the summer night.*
Pour marraine elle eut Astarté, Pour patronne elle a la Madone, Car elle est belle autant que bonne Celle que j'aime.	*For godmother she had Astarte, For patron saint she has the Madonna, For she is beautiful as well as good, The woman I love.*
Elle écoute, rit et pardonne, N'écoutant que par charité: Elle écoute, mais sa fierté N'écoute ni moi ni personne, Et rien encore n'a tenté Celle que j'aime.	*She listens, laughs and forgives, Listening only out of charity: She listens, but her pride Listens neither to me nor to anyone, And nothing has yet tempted The woman I love.*

11
Plus que Flore et plus que Po-mo - ne, Et je sais, pour l'a - voir chan-té, Que sa bouche est le
16
soir d'au-tomne, Et son re - gard la nuit d'é - té.
20
Pour mar - raine elle eut As - tar - té, Pour pa - trone elle a la Ma -
25
cresc.
f
do - ne, Car elle est belle au - tant que bon - ne Cel - le que
cresc.

30
p
j'ai - - me.
Elle é-cou-te, rit et par-don-ne,
p
35
N'é-cou-tant que par cha-ri-té:
Elle é-cou-te, mais sa fier-té
N'é-cou-te ni moi
40
ni per-son - ne,
Et rien en - co - re n'a ten - té
Cel - le que
45
j'ai - - me.
p

original key: E-flat major

En prière

1890

poem by Stéphan Bordèse

Originally for voice and organ. Dedicated to Madame Leroux-Ribeyre. Piano and voice published by Hamelle, second collection, no. 16; London, Metzler, 1897. Orchestrated by Fauré in 1890.

En prière	*In prayer*
Si la voix d'un enfant peut monter jusqu'à Vous, O mon Père, Écoutez de Jésus devant Vous à genoux, La prière!	*If the voice of a child can rise up to You,* *O my Father,* *From Jesus before You on his knees, listen* *To the prayer!*
Si Vous m'avez choisi pour enseigner vos lois Sur la terre, Je saurai Vous servir, auguste Roi des Rois, O Lumière!	*If you have chosen me to teach Your law* *Upon earth,* *I will know how to serve You, august King of Kings,* *O Light!*
Sur mes lèvres, Seigneur, mettez la vérité Salutaire, Pour que celui qui doute, avec humilité Vous révère!	*Upon my lips, Lord, put the truth* *That gives salvation,* *In order that he who doubts, with humility* *May revere You!*
Ne m'abandonnez pas, donnez-moi la douceur Nécessaire, Pour apaiser les maux, soulager la douleur, La misère!	*Do not abandon me, give me the gentleness* *Necessary* *To alleviate misfortunes, to relieve pain* *And wretchedness!*
Révélez-vous à moi, Seigneur en Qui je crois Et j'espère: Pour Vous je veux souffrir et mourir sur la croix, Au calvaire!	*Reveal Yourself to me, Lord in Whom I believe* *And I hope:* *For You I want to suffer and die on the cross,* *At Calvary!*

4
Vous, O mon Pè - re, É - cou - tez de Jé -
legato sempre
7
sus de - vant Vous à ge - noux, La pri - è - re!
10
Si Vous m'a - vez choi - si pour en - sei - gner vos lois Sur la
13
cresc.
ter - re, Je sau - rai Vous ser - vir, au - gus - te Roi des
cresc.

16
f
Rois, O Lu - miè - re! Sur mes lè - vres, Sei -
f
p
p
19
gneur, met - tez la vé - ri - té Sa - lu - tai - re,
22
mf
Pour que ce - lui qui doute, a - vec hu - mi - li - té Vous ré -
mf
25
p
vè - re! Ne m'a - ban - don - nez pas, don - nez - moi la dou -
p

28
ceur Né - ces - sai - re, Pour a - pai - ser les
31
maux, sou - la - ger la dou - leur, La mi - sè -
p
p
34
sempre dolce
re! Ré - vè - lez - Vous à moi, Sei -
37
gneur en Qui je crois Et j'es - pè -

40
re:
Pour
Vous
je
veux
souf
-
frir
et
mou -
43
poco rit.
rir
sur
la
croix,
Au
cal
-
vai
-
poco rit.
46
a tempo
re!
a tempo

original key

Cinq mélodies 'de Venise'

Mandoline

1891
poem by Paul Verlaine

Op. 58. Dedicated to Madame la princesse Edmond de Polignac. Published by Hamelle, 1891; third collection, nos. 7-11. First performance, Société nationale de musique, April 2, 1892. "Mandoline" was orchestrated by Florent Schmitt. Fauré began composing this set while staying at the palazzo of Madame la princesse Edmond de Polignac, in Venice. "Mandoline", "En sourdine," and "A Clymène" are from Verlaine's collection of poems entitled *Fêtes galantes.* "Green" and "C'est l'extase" come from his collection *Romances sans paroles.* In "Mandoline" the names (the first two are derived from classical pastoral poetry), were commonly used for young lovers in French comedy of the seventeenth and eighteenth centuries.

Cinq mélodies 'de Venise'	*Five Songs from Venice*
Mandoline	*Mandolin*
Les donneurs de sérénades Et les belles écouteuses Échangent des propos fades Sous les ramures chanteuses.	*The men who give serenades And the lovely ladies who listen to them Exchange insipid remarks Under the singing branches.*
C'est Tircis et c'est Aminte, Et c'est l'éternel Clitandre, Et c'est Damis qui pour mainte Cruelle fait maint vers tendre.	*It is Tircis and it is Aminte, And it is the eternal Clitandre, And it is Damis who for many a Cruel woman writes many a tender poem.*
Leurs courtes vestes de soie, Leurs longues robes à queue, Leur élégance, leur joie Et leurs molles ombres bleues	*Their short silken jackets, Their long dresses with trains, Their elegance, their joy And their soft blue shadows*
Tourbillonnent dans l'extase D'une lune rose et grise, Et la mandoline jase Parmi les frissons de brise.	*Are swirling in the rapture Of a pink and gray moon, And the mandolin is chattering Amidst the shiverings of the breeze.*

4
na - des
Et les bel - les é - cou -
3
6
teu - ses
É - chan - gent des pro - pos fa - des Sous
3
8
les ra - mu - res chan - teu - - -
3

10
- ses.
C'est Tir - cis
et c'est
A -
3
Ped.
Ped.
Ped.
Ped.
12
min - te,
Et c'est l'é - ter - nel Cli -
3
14
tan - dre,
Et c'est Da - mis qui pour main - te Cru -

* "fit" in previous editions; "fait" is true to original poem

22

dimin. **p**

Et leurs mol - les om - bres bleues

pp *sempre*

Ped. * Ped. * Ped. * Ped.

24

p *sempre*

Tour - bil-lon - nent dans l'ex - ta - se D'u - ne lu - ne rose et

* Ped. * Ped. * Ped. * Ped. * Ped. * Ped. * Ped. * Ped.

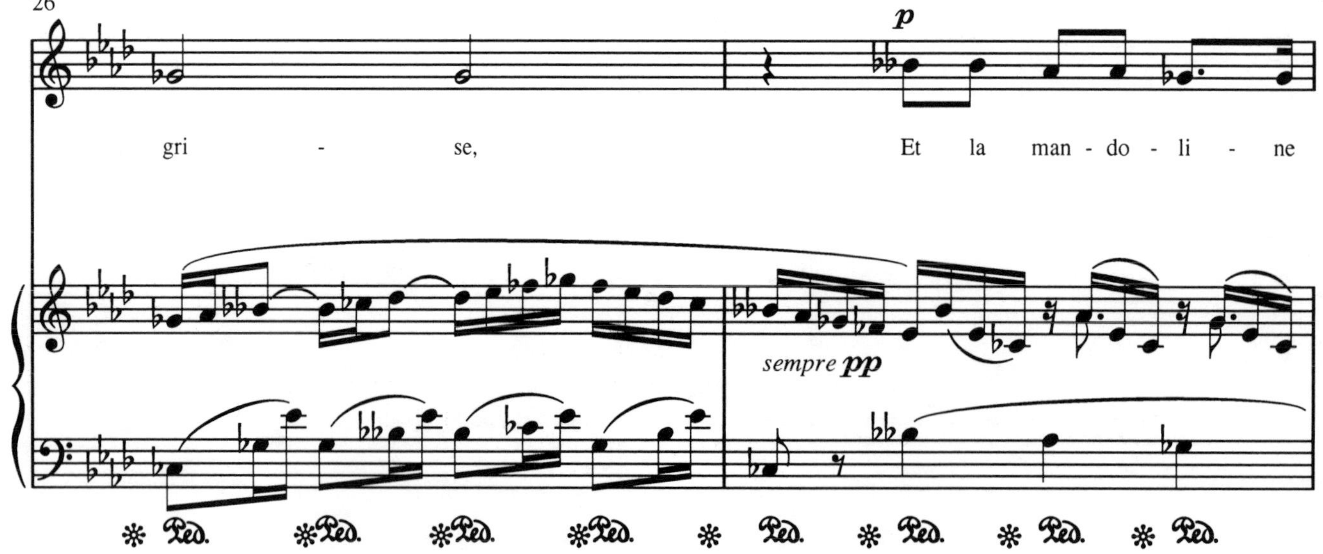

28
ja - se Par - mi les fris - sons de bri - se.
30
mf
Les don-neurs de sé - ré - na - des
32
Et les bel - les é - cou - teu - ses É -

34
dimin.
pp
chan - gent des pro - pos fa - des Sous les ra -

36
poco rit.
a tempo
mu - res chan - teu - -
pp poco rit.
a tempo

38
ses.
ppp

original key: E-flat major

En sourdine

1891
poem by Paul Verlaine

Op. 58. See "Mandoline" for notes on the entire song cycle, *Cinq mélodies 'de Venise'*.

En sourdine	*Muted*
Calmes dans le demi-jour Que les branches hautes font, Pénétrons bien notre amour De ce silence profond.	*Calm in the half-light Made by the high branches, Let us fully imbue our love With this profound silence.*
Fondons* nos âmes, nos coeurs Et nos sens extasiés, Parmi les vagues langueurs Des pins et des arbousiers.	*Let us blend our souls, our hearts And our enraptured senses, Amidst the vague languor Of the pines and the arbutus.*
Ferme tes yeux à demi, Croise tes bras sur ton sein, Et de ton coeur endormi Chasse à jamais tout dessein.	*Close your eyes halfway, Cross your arms over your breast, And from your sleeping heart Chase all purpose away forever.*
Laissons-nous persuader Au souffle berceur et doux Qui vient à tes pieds rider Les ondes de gazon roux.	*Let us be persuaded By the rocking, sweet breath That comes to your feet to wrinkle The waves of russet grass.*
Et quand, solennel, le soir Des chênes noirs tombera, Voix de notre désespoir, Le rossignol chantera.	*And when, solemnly, the evening Falls from dark oak trees, Voice of our despair, The nightingale will sing.*

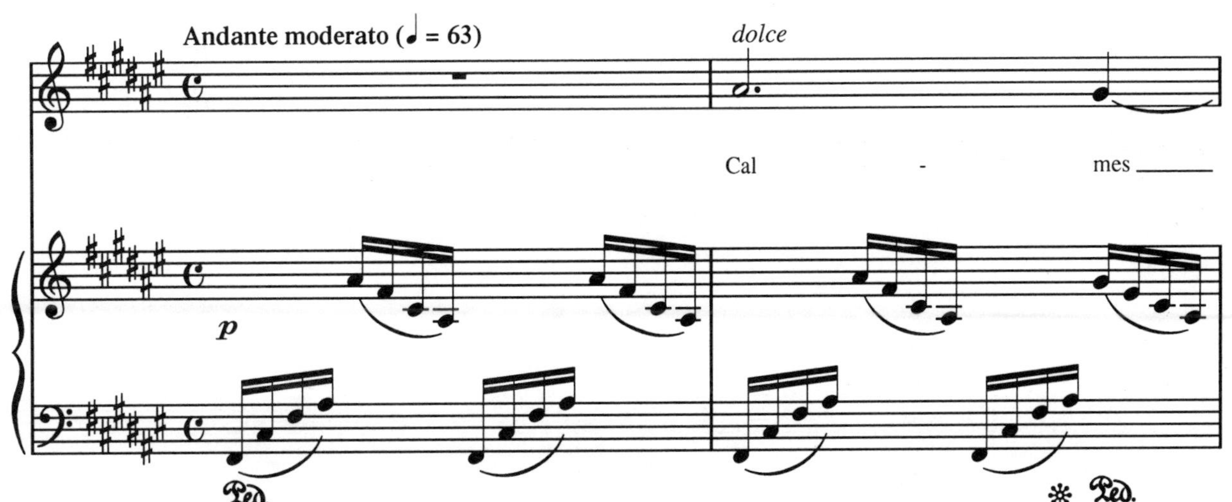

3
dans le de - mi - jour
Que les bran - ches hau - tes
5
cresc.
font,
Pé - né - trons
espressivo
7
sempre
bien notre a - mour
De ce si - len - ce pro -

* "Fondons" in the original poem, apparently changed by Fauré; the verbs are similar in meaning

15
pp
et des ar - bou - siers.
legato sempre
dolcissimo
17
dolcissimo
pp
Fer - me - tes yeux à de - mi,
19
pp
Croi - se tes bras sur ton sein,

21
cresc.
mf
Et de ton cœur en - dor - mi Chasse à ja -
mf
23
p
mais tout des - sein.
dolce
p
pp
25
dolce
Lais - sons - nous per - su - a - der Au

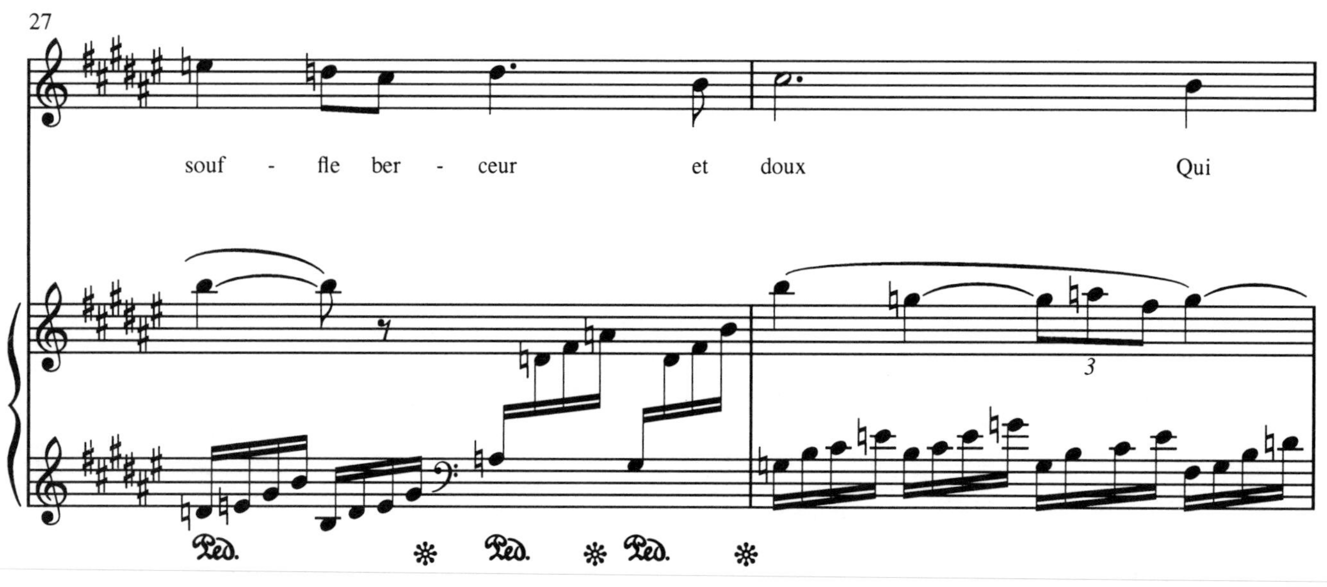

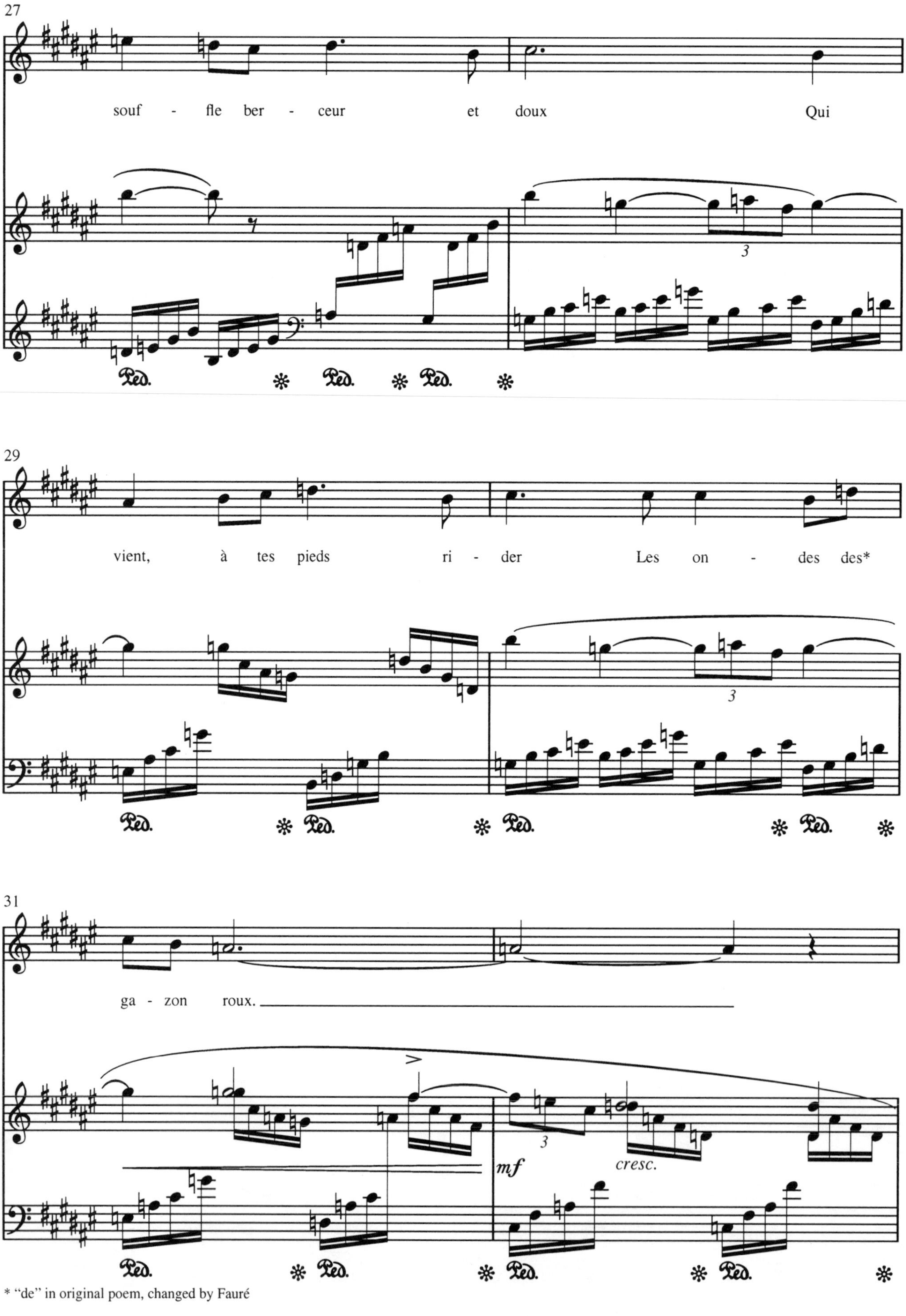

29

vient, à tes pieds ri - der Les on - des des*

31

ga - zon roux.

mf *cresc.*

* "de" in original poem, changed by Fauré

33
f espressivo
Et quand, so - len - nel, le soir
Des
f
35
chê - nes noirs tom - be - ra,
espressivo
37
sempre f
Voix de no - tre dé - ses - poir,
f

39

p

Le ros - si - gnol ______

p sempre

41

pp sempre

______ chan - - te -

dim.

pp sempre

43

ra. ______

45

original key: G-flat major

Green

1891

poem by Paul Verlaine

Op. 58. See "Mandoline" for notes on the entire song cycle, *Cinq mélodies 'de Venise'*.

Green

Voici des fruits, des fleurs, des feuilles et des branches
Et puis voici mon coeur qui ne bat que pour vous.
Ne le déchirez pas avec vos deux mains blanches
Et qu'à vos yeux si beaux l'humble présent soit doux.

J'arrive tout couvert encore de rosée
Que le vent du matin vient glacer à mon front.
Souffrez que ma fatigue un instant reposée
Rêve des chers instants qui la délasseront.

Sur votre jeune sein laissez rouler ma tête
Toute sonore encor de vos derniers baisers;
Laissez-la s'apaiser de la bonne tempête,
Et que je dorme un peu puisque vous reposez.

Green

Here are fruits, flowers, leaves and branches
And then here is my heart that beats only for you.
Do not tear it with your two white hands
And may the humble present be sweet to your eyes so lovely.

I arrive still covered all over with dew
Which the morning wind comes to chill on my forehead.
Allow my fatigue, once rested an instant
To dream of the dear instants that will refresh it.

On your young bosom let my head roll
Still resounding with your last kisses;
Let it calm down from the good storm,
And may I sleep a little since you are resting.

5
dolce
vous.
Ne le dé - chi - rez pas a - vec vos deux mains
simile
7
blan - ches Et qu'à vos yeux si beaux l'hum - ble pré -
9
sent soit doux.
dolce
J'ar - ri - ve tout cou -
dolce

* In the original poem "un instant" is replaced by "à vos pieds." The change appears to be deliberate by the composer.

18
f
sempre
Rê - ve des chers ins - tants qui la dé -
mf
mf
20
las - se - ront.
espressivo
f
22
Sur vo - tre jeu - ne sein lais-sez rou-ler ma
3
pp

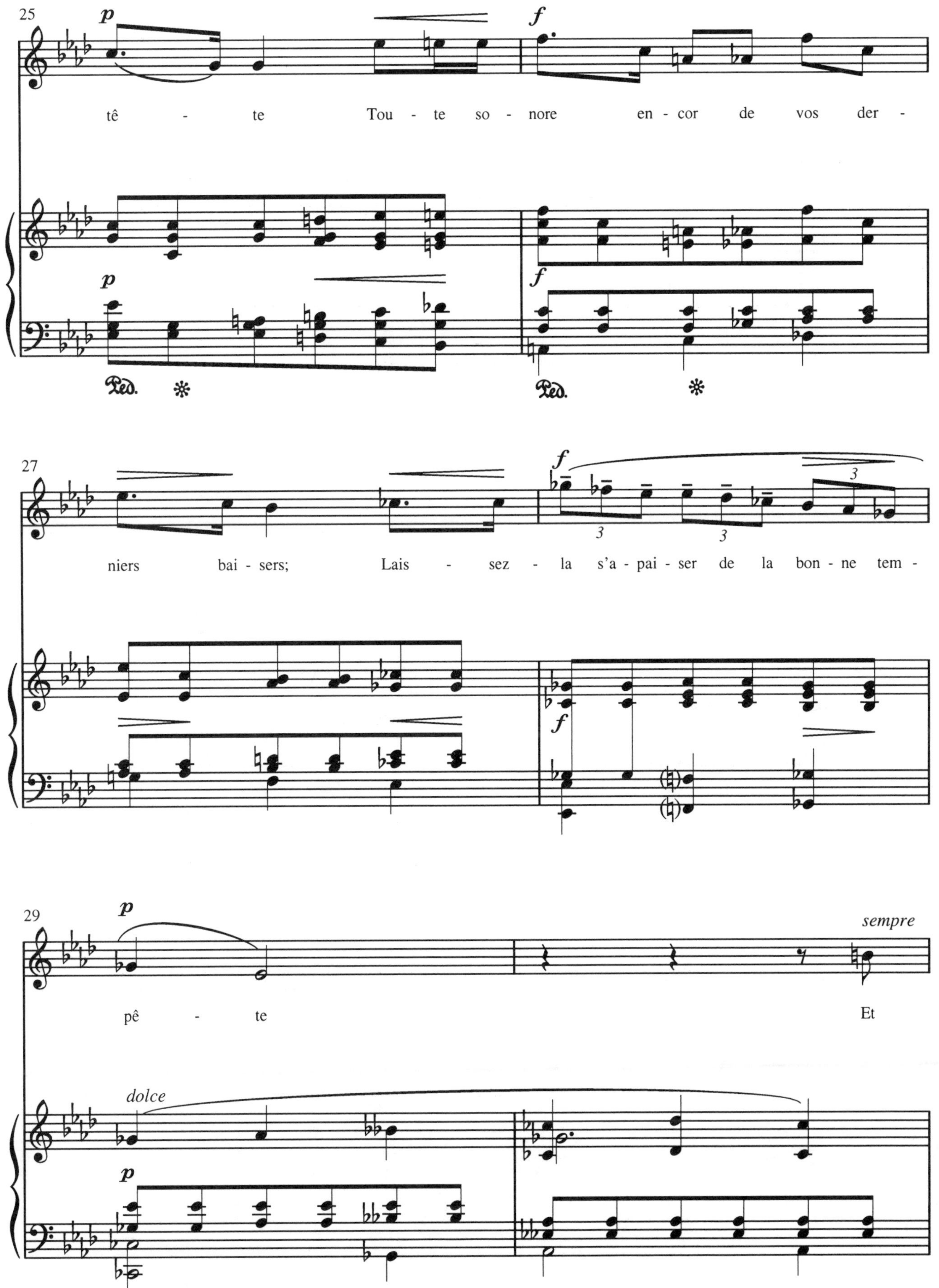
25
p
f
tê - te Tou - te so - nore en - cor de vos der -
p
f
Ped.
Ped.
27
f
3
3
3
niers bai - sers; Lais - sez - la s'a - pai - ser de la bon - ne tem -
f
29
p
sempre
pê - te
Et
dolce
p

31
sempre dolce
que je dorme un peu puis - que
pp
33
vous re - po - sez.
35

original key: E minor

A Clymène

1891

poem by Paul Verlaine

Op. 58. See "Mandoline" for notes on the entire song cycle, *Cinq mélodies 'de Venise'.*

A Clymène	*To Clymene*
Mystiques barcarolles, Romances sans paroles, Chère, puisque tes yeux, Couleur des cieux,	*Mystical barcarolles,* *Songs without words,* *Dear one, since your eyes,* *The color of the skies,*
Puisque ta voix, étrange Vision qui dérange Et trouble l'horizon De ma raison,	*Since your voice, a strange* *Vision that disturbs* *And troubles the horizon* *Of my reason,*
Puisque l'arome insigne De ta pâleur de cygne, Et puisque la candeur De ton odeur,	*Since the remarkable aroma* *Of your swanlike paleness,* *And since the guilelessness* *Of your smell,*
Ah! puisque tout ton être, Musique qui pénètre, Nimbes d'anges défunts, Tons et parfums,	*Ah! since your whole being,* *A penetrating music,* *Haloes of defunct angels,* *Sounds and perfumes,*
A, sur d'almes cadences, En ses correspondances Induit mon coeur subtil, Ainsi soit-il!	*Has, on nourishing cadences,* *In its correspondences* *Tempted my discerning heart,* *So be it!*

8
mf
p
11
p
Ro - man - ces sans pa - ro -
15
les,
mf
19
dolce
Chè - - - re,
puis - que tes

23
Un poco più mosso
yeux, Cou - leur des cieux, Puis - que ta voix, é -
26
cresc.
tran - ge Vi - si - on qui dé - ran - ge Et
cresc.
Tempo I
29
trou - ble l'ho - ri - zon De ma rai -
32
dolce
son, Puis - que l'a -
dolce

* "pour que" in previous editions, an obvious mistake; "puisque" is necessary to the poem's flow and structure

47
d'an - ges dé - funts,
Tons et par-
cresc. molto
50
fums,
53
dolce
A, sur d'al - mes ca - den - ces,
56
En ses cor - res - pon - dan - ces
In -

59

duit mon cœur sub - til,

sempre **p**

Ped. * Ped. * Ped. *

62

pp

Ped. * Ped. * Ped. *

65

p

Ain - si soit - il!

Ped. * Ped. * Ped. *

68

pp

pp

Ped. * Ped. *

original key: D-flat major

C'est l'extase

1891

poem by Paul Verlaine

Op. 58. See "Mandoline" for notes on the entire song cycle, *Cinq mélodies 'de Venise'.*

C'est l'extase	*It Is Ecstasy*
C'est l'extase langoureuse, C'est la fatigue amoureuse, C'est tous les frissons des bois Parmi l'étreinte des brises, C'est, vers les ramures grises, Le choeur des petites voix.	*It is langourous ecstasy, It is amorous fatigue, It is all the shivers of the woods Amidst the embrace of the breezes, It is, toward the gray branches, The chorus of little voices.*
O le frêle et frais murmure! Cela gazouille et susurre, Cela ressemble au bruit doux Que l'herbe agitée expire... Tu dirais, sous l'eau qui vire, Le roulis sourd des cailloux.	*O the fragile and cool murmur! It warbles and whispers, It resembles the gentle cry That the stirring grass exhales... It sounds like, under the water sweeping round, The muffled rolling of the pebbles.*
Cette âme qui se lamente En cette plainte dormante C'est la nôtre, n'est-ce pas? La mienne, dis, et la tienne, Dont s'exhale l'humble antienne Par ce tiède soir, tout bas?	*This soul that laments In this sleeping complaint, It is ours, is it not? Mine, say, and yours, From which the humble antiphon is emitted Through this mild evening, very softly?*

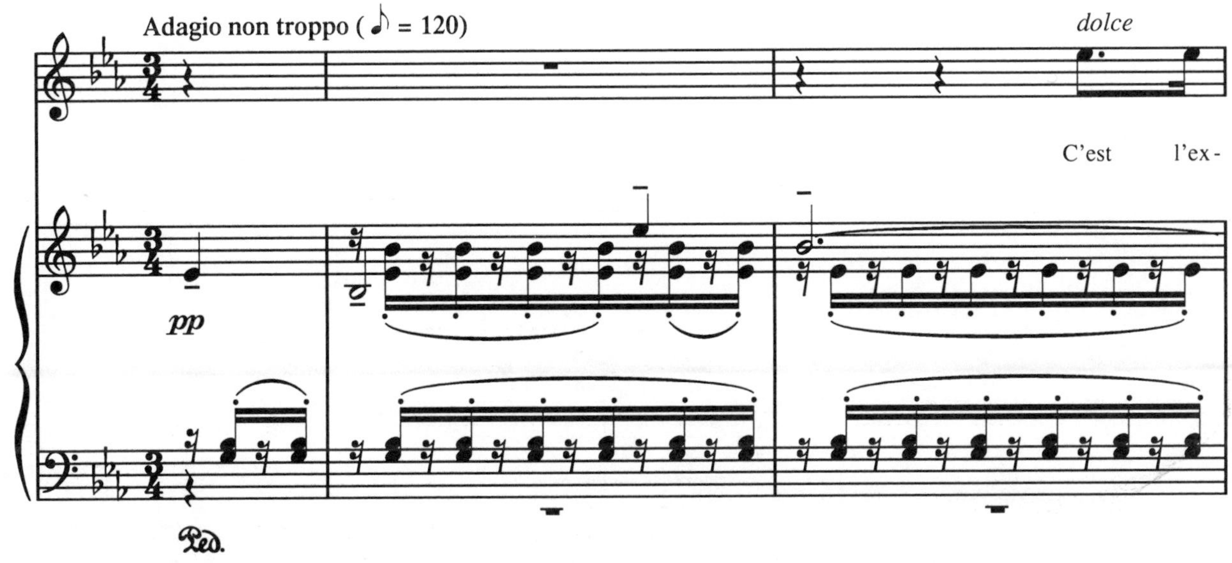

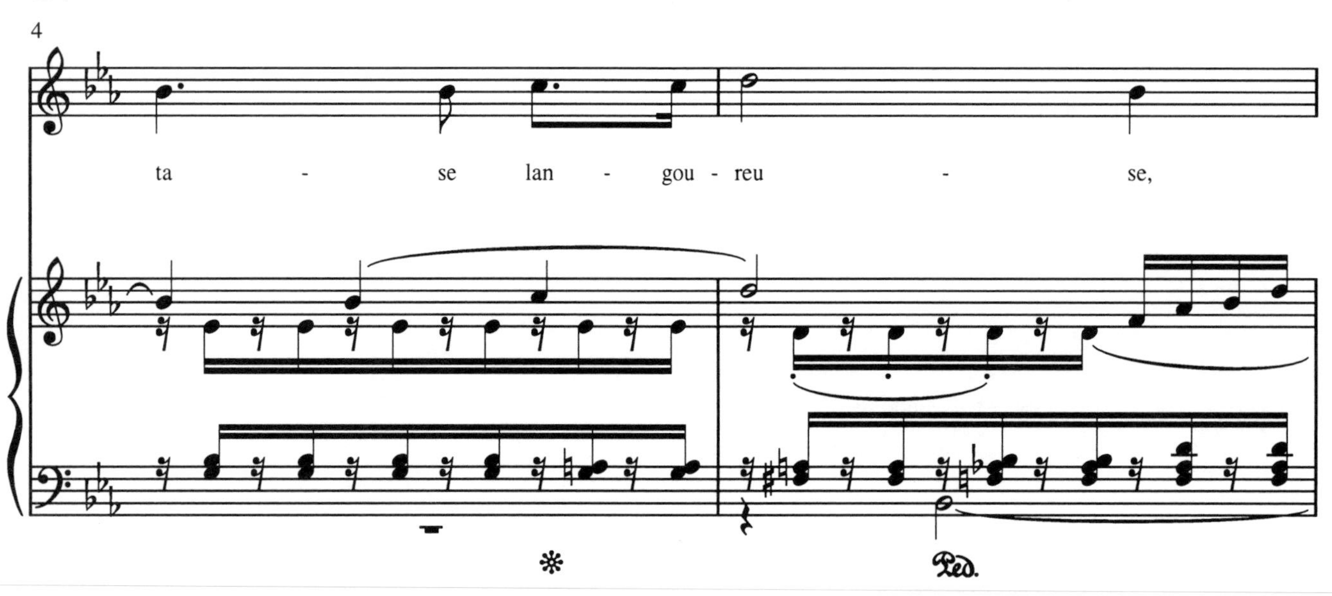
4
ta - se lan - gou - reu - se,

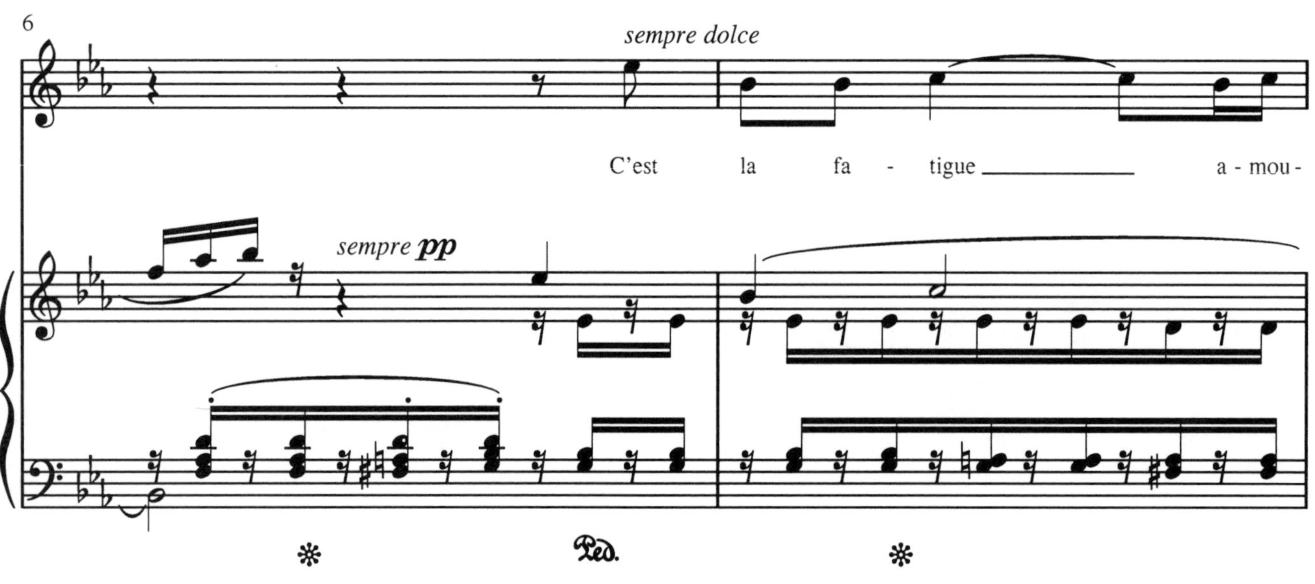
6
sempre dolce
C'est la fa - tigue a - mou -
sempre pp

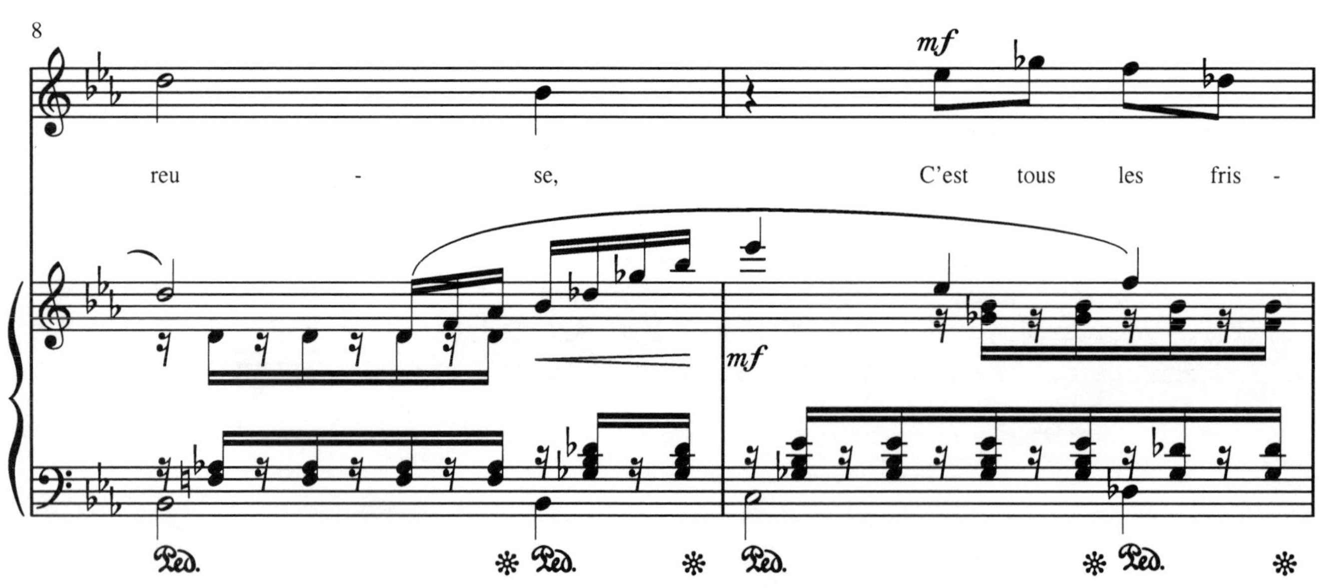
8
mf
reu - se, C'est tous les fris -
mf

10
pp
mf sempre
sons des bois Par -
pp
Ped. Ped. Ped. Ped.
12
mi l'é - trein - te des bri - ses, C'est
mf
Ped. Ped. Ped. Ped.
14
p
vers les ra - mu - res gri - ses, Le
mf
Ped.

16
pp
chœur des pe - ti - tes voix.
dolce espress.
pp
18
p
O le frêle et frais mur -
20
p
mu - re!
sempre espressivo

* "cri" in the original poem, a deliberate change by Fauré

28
mf
rais, sous l'eau qui vi - re, Le rou - lis

30
p
sourd des cail - loux.

32
mf
Cette â - me qui se la -
3
espressivo
sf
f

* "Et" in previous editions

41
p
f espressivo
nô - tre, n'est - ce - pas? La
43
p
mien - ne, dis, et la tien - ne,
mf
45
cresc.
f
Dont s'ex - ha - le l'humble an - tien - ne
f

47
sempre f
Par ce tiè - de soir,
49
pp
p
pp
tout
51
bas?

original key

La bonne chanson

Une Sainte en son auréole

1892
poem by Paul Verlaine

Op.61. Dedicated to Madame Sigismond Bardac. Published by Hamelle, 1894. First performance April 25, 1894, Maurice Bagès, tenor, private concert at the house of the Comtesse Henri de Saussine. Société nationale de musique, April 20, 1895, Jeanne Remacle, soprano. String quintet and piano accompaniment by Fauré, 1898, unpublished. First performance April 1, 1898 at a private concert at the house of Frank Schuster, Maurice Bagès, tenor. Orchestrated by Maurice LeBoucher, 1933. Published by Hamelle. Fauré's inspiration for *La bonne chanson* was his love affair with Emma Bardac. Madame Bardac eventually married Claude Debussy. Fauré chose these nine poems from a collection of twenty-one poems Verlaine had written for his fiancée, Mathilde Mauté; several famous medieval princesses bore the name Mathilde.

La Bonne chanson	*The Good Song*
Une Sainte en son auréole	*A Saint in her Halo*
Une Sainte en son auréole, Une Châtelaine en sa tour, Tout ce que contient la parole Humaine de grâce et d'amour;	*A Saint in her halo,* *A Mistress of a chateau in her tower,* *Everything that human speech contains* *Of grace and love;*
La note d'or que fait entendre Un cor dans le lointain des bois, Mariée à la fierté tendre Des nobles Dames d'autrefois;	*The golden note sounded by* *A horn far off in the woods,* *United with the tender pride* *Of noble Ladies of yesteryear!*
Avec cela le charme insigne D'un frais sourire triomphant Eclos dans des candeurs de cygne Et des rougeurs de femme-enfant;	*Together with that the remarkable charm* *Of a fresh triumphant smile* *That has opened within the whiteness of a swan* *And the blushing of a child bride;*
Des aspects nacrés, blancs et roses, Un doux accord patricien: Je vois, j'entends toutes ces choses Dans son nom Carlovingien.	*Pearly hues, white and pink,* *A gentle patrician harmony:* *I see, I hear all these things* *In her Carolingian name.* [2]

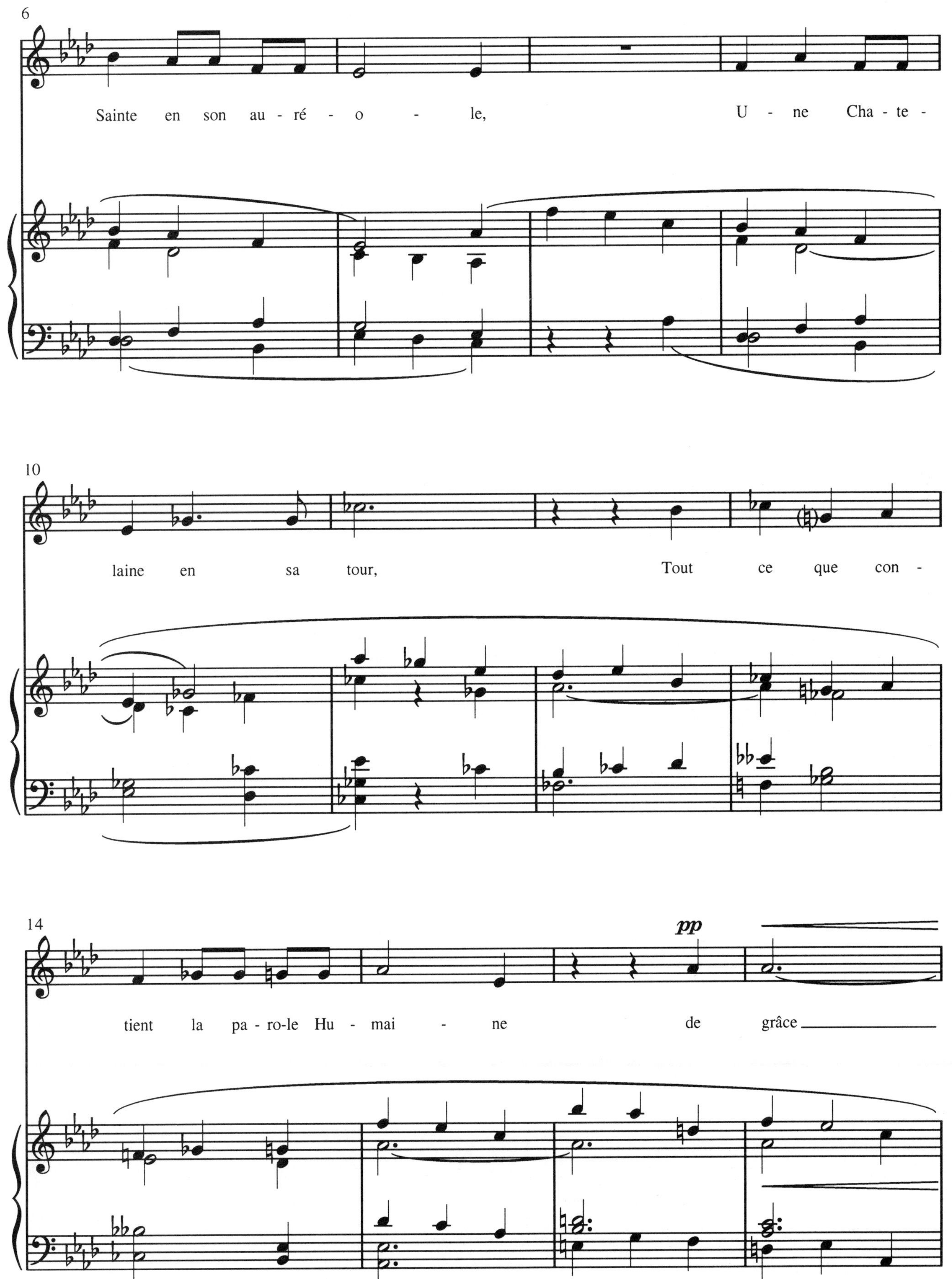
6
Sainte en son au - ré - o - le,
U - ne Cha - te -
10
laine en sa tour,
Tout ce que con -
14
pp
tient la pa - ro-le Hu - mai - ne
de grâce

* "Le" in previous editions

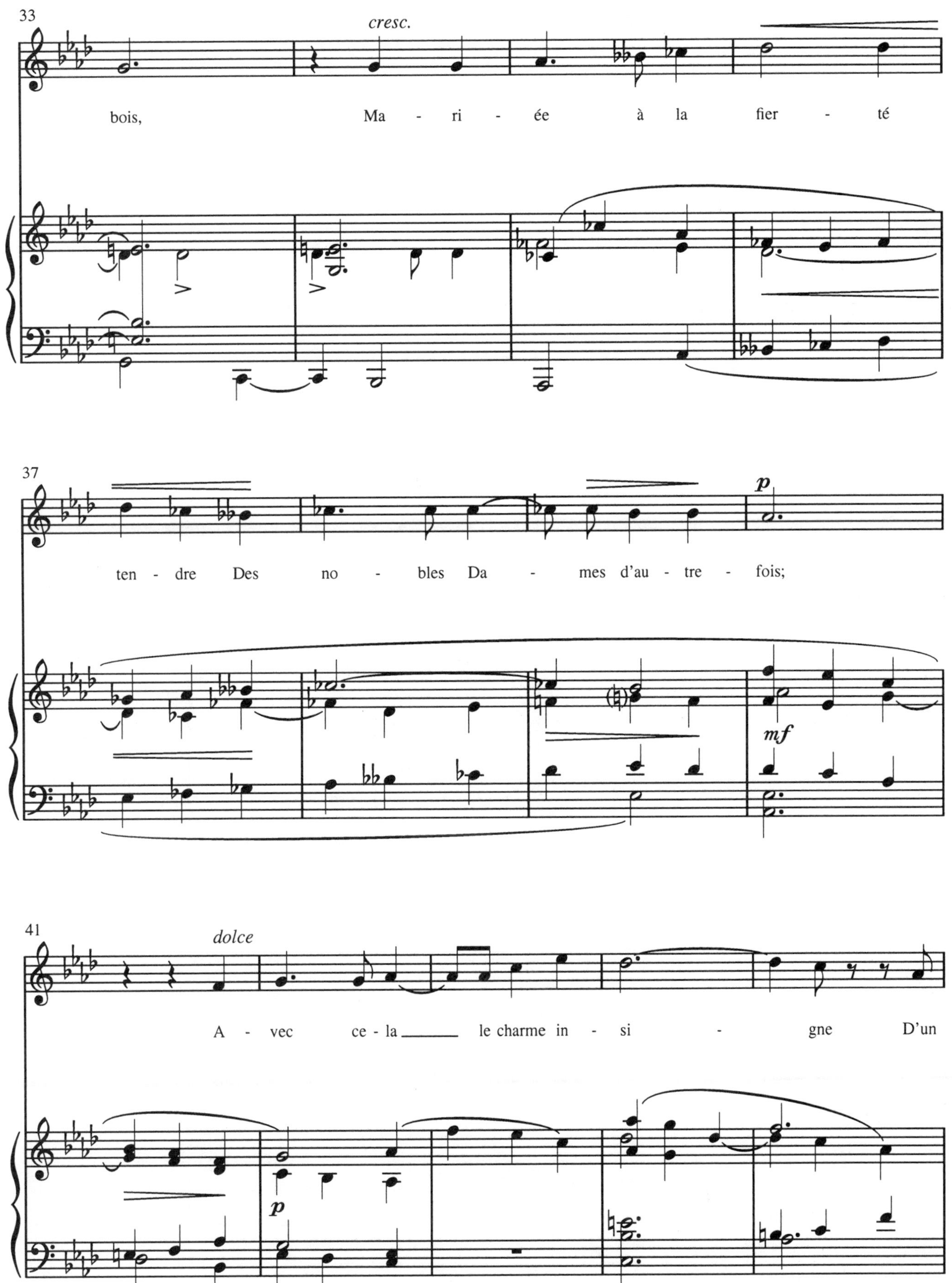
33
cresc.
bois, Ma - ri - ée à la fier - té
37
p
ten - dre Des no - bles Da - mes d'au - tre - fois;
mf
41
dolce
A - vec ce - la le charme in - si - gne D'un
p

46
cresc.
f
frais sou - ri - re tri - om - phant
cresc.
f
50
p
E - clos dans des can - deurs de
pp
Ped. ❋ Ped. ❋ Ped. ❋ Ped. ❋ Ped. ❋
55
p
cy - gne
Et des rou - geurs de femme - en -
Ped. ❋ Ped. ❋ Ped. ❋ Ped. ❋

60
meno p
fant; Des as - pects na - crés, blancs et ro -
p
Ped. *
p
Ped. *
65
ses, Un doux ac - cord pa - tri - ci - en:
mf
p
Ped. *
70
Je vois, j'en -
p
p

75
p
tends tou - tes ces cho - ses Dans son nom
p dolce
81
Car - lo - vin - gi - en.
86

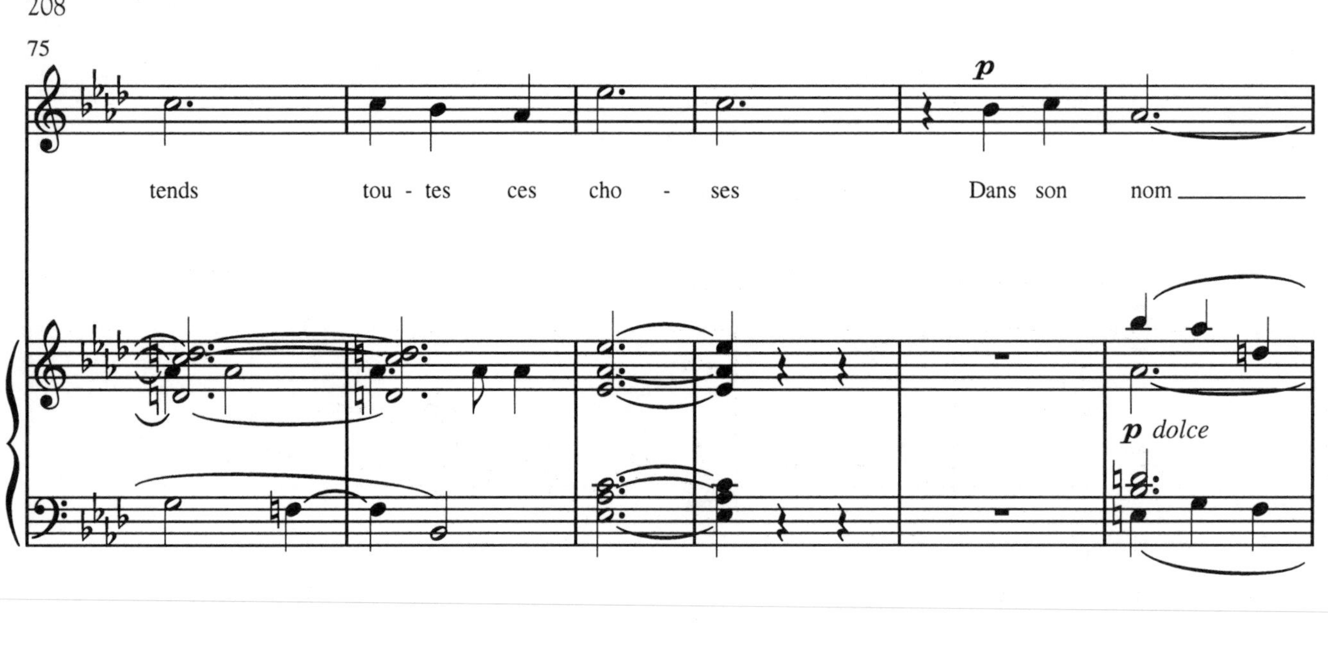

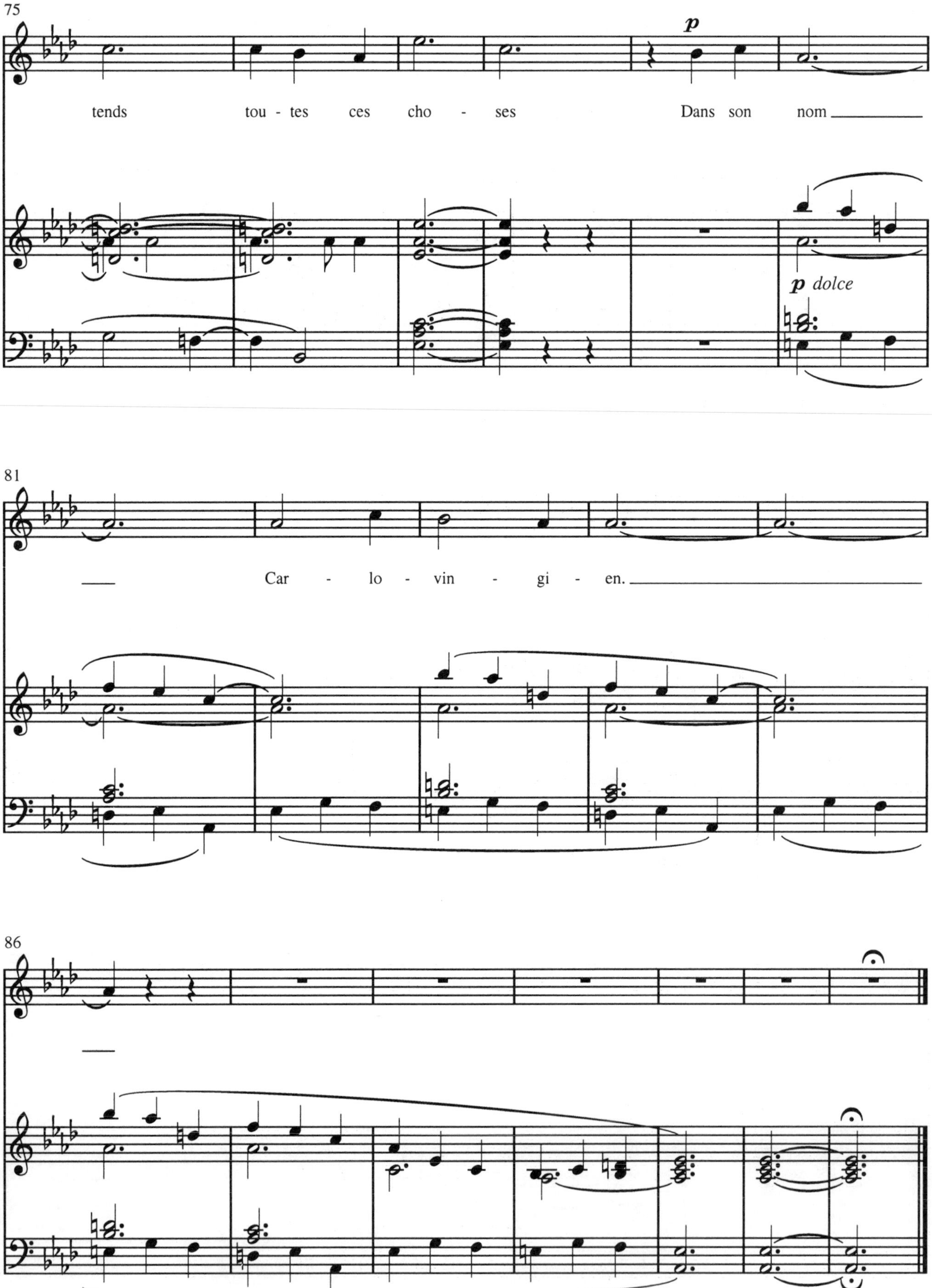

Puisque l'aube grandit

1893

poem by Paul Verlaine

Op. 61. See "Une Sainte en son auréole" for notes on the entire song cycle *Le bonne chanson.*

Puisque l'aube grandit

Puisque l'aube grandit, puisque voici l'aurore,
Puisque, après m'avoir fui longtemps, l'espoir veut bien
Revoler devers moi qui l'appelle et l'implore,
Puisque tout ce bonheur veut bien être le mien, [...]

Je veux, guidé par vous, beaux yeux aux flammes douces,
Par toi conduit, ô main où tremblera ma main,
Marcher droit, que ce soit par des sentiers de mousses
Ou que rocs et cailloux encombrent le chemin; [...]

Et comme, pour bercer les lenteurs de la route,
Je chanterai des airs ingénus, je me dis
Qu'elle m'écoutera sans déplaisir sans doute;
Et vraiment je ne veux pas d'autre Paradis.

Since Dawn is Growing

Since dawn is growing, since here is the break of day,
Since, after long fleeing from me, hope agrees
To fly back toward me who call to and implore it,
Since all this happiness agrees to be mine,

I want, guided by you, lovely eyes with gentle flame,
Led by you, o hand in which my hand will tremble,
To walk straight, whether it be through paths of moss
Or whether rocks and pebbles encumber the way;

And as, in order to beguile the slowness of the journey,
I shall sing simple tunes, I tell myself
That she will probably listen to me without annoyance;
And truly I wish for no other Paradise.

5
p
3
Puis - qu'a - près m'a - voir fui long - temps
p
Ped.
Ped.
Ped.
Ped.

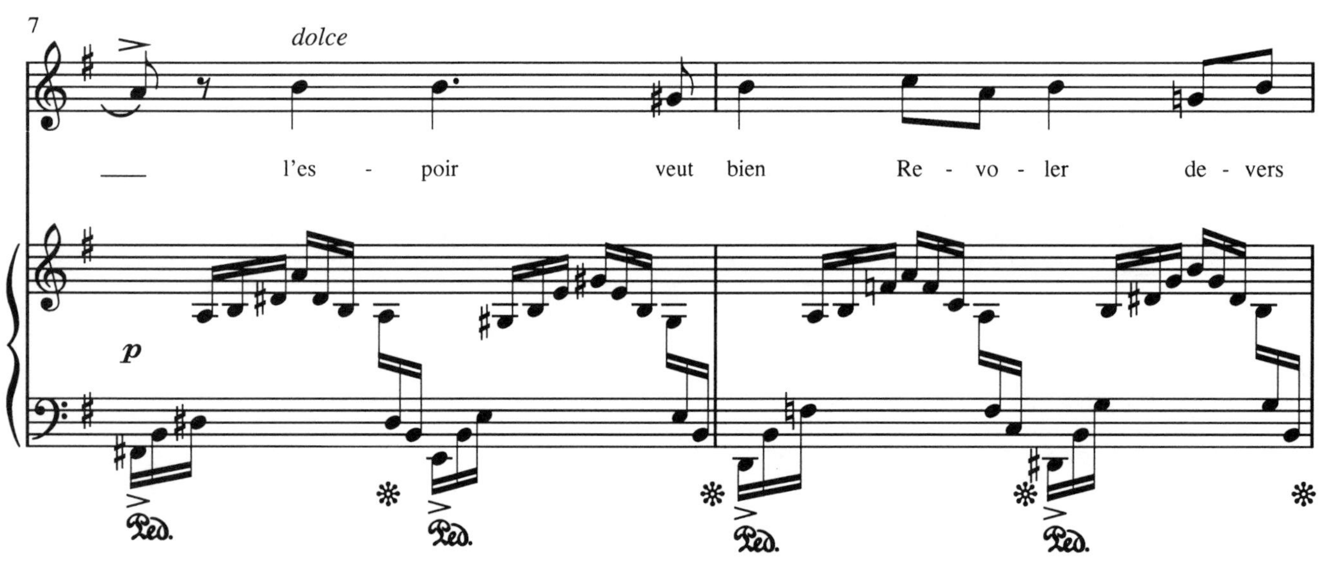
7
dolce
l'es - poir veut bien Re - vo - ler de - vers
p
Ped.
Ped.
Ped.
Ped.

9
cresc.
f
moi qui l'ap - pelle et l'im - plo - re,
cresc.
mf
Ped.
Ped.
Ped.
Ped.

11
dimin.
3
Puis - que tout ce bon -
f
dimin.
13
heur veut bien ê - tre le
15
cresc.
mien, Je veux gui - dé par
poco a poco cresc.

17 *f* *p*

vous, beaux yeux aux flam - mes dou - ces, Par

p

Ped. * Ped. * Ped. * Ped. *

19 *f* *dimin*

toi con - duit, ô main où

f *dimin*

Ped. * Ped. * Ped. * Ped. *

21 *p* 3

trem - ble - ra ma main, Mar - cher

pp

Ped. * Ped. * Ped. * Ped. *

23
droit que ce soit par des sen - tiers de
dolce
25
mous - se
cresc.
Ou que
cresc.
27
rocs et cail-loux en - com - brent le che -
29
min;
dolce
Et

31 *senza rall*

com - me pour ber - cer les len-teurs de la rou - te, Je chan-te -

pp

34

rai des airs in - gé - nus,

36 *sempre dolce*

je me dis Qu'el - le m'é -

38

cou - te - ra sans dé - plai - sir sans

41
dou - te;
Et vrai -
43
ment je ne veux pas d'au -
f
mf
45
- - - - tre Pa - ra -
p
pp
47
dis.

La lune blanche

1893

poem by Paul Verlaine

Op. 61. See "Une Sainte en son auréole" for notes on the entire song cycle, *Le bonne chanson.*

La Lune blanche	*The White Moon*
La lune blanche Luit dans les bois; De chaque branche Part une voix Sous la ramée...	*The white moon* *Shines in the woods;* *From every branch* *There comes a voice* *Under the foliage...*
O bien-aimée.	*O beloved.*
L'étang reflète, Profond miroir, La silhouette Du saule noir Où le vent pleure...	*The pool reflects,* *Deep mirror,* *The silhouette* *Of the dark willow* *Where the wind weeps...*
Rêvons, c'est l'heure.	*Let us dream, it is the hour.*
Un vaste et tendre Apaisement Semble descendre Du firmament Que l'astre irise...	*A vast and tender* *Soothing* *Seems to descend* *From the firmament* *That the star makes iridiscent...*
C'est l'heure exquise.	*It is the exquisite hour.*

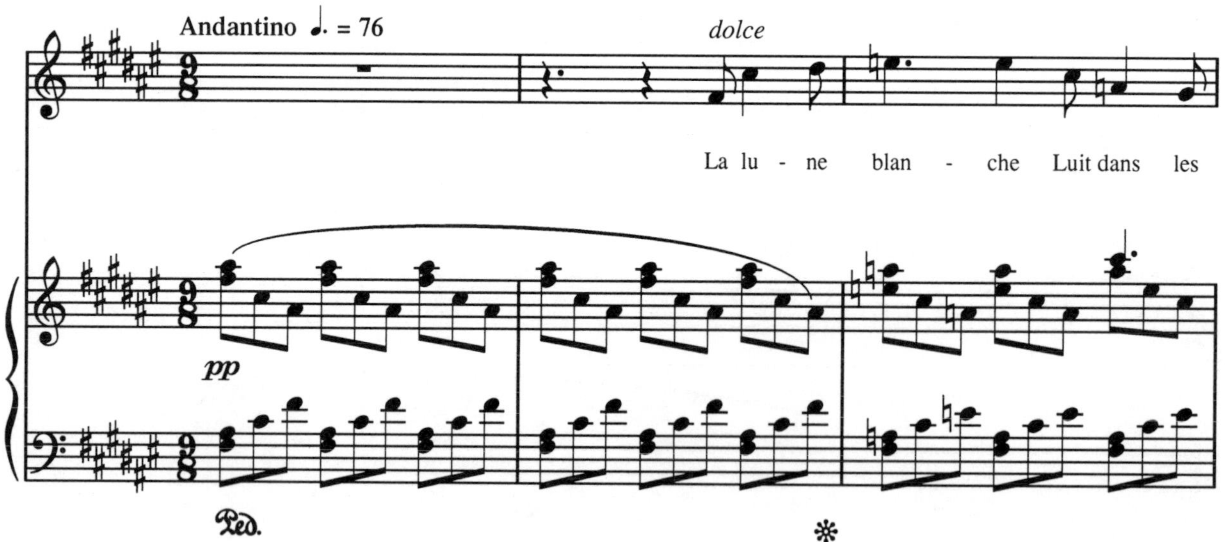

4
bois; De cha - que bran - che
Ped. Ped.
7
Part u - ne voix Sous la ra - mé -
dolce
pp
Ped.
10
- e O bien - ai -
p
cresc
cresc.
molto
Ped. Ped. Ped. Ped. Ped.
13
mé - e.
f
f
dim.
Ped. Ped.

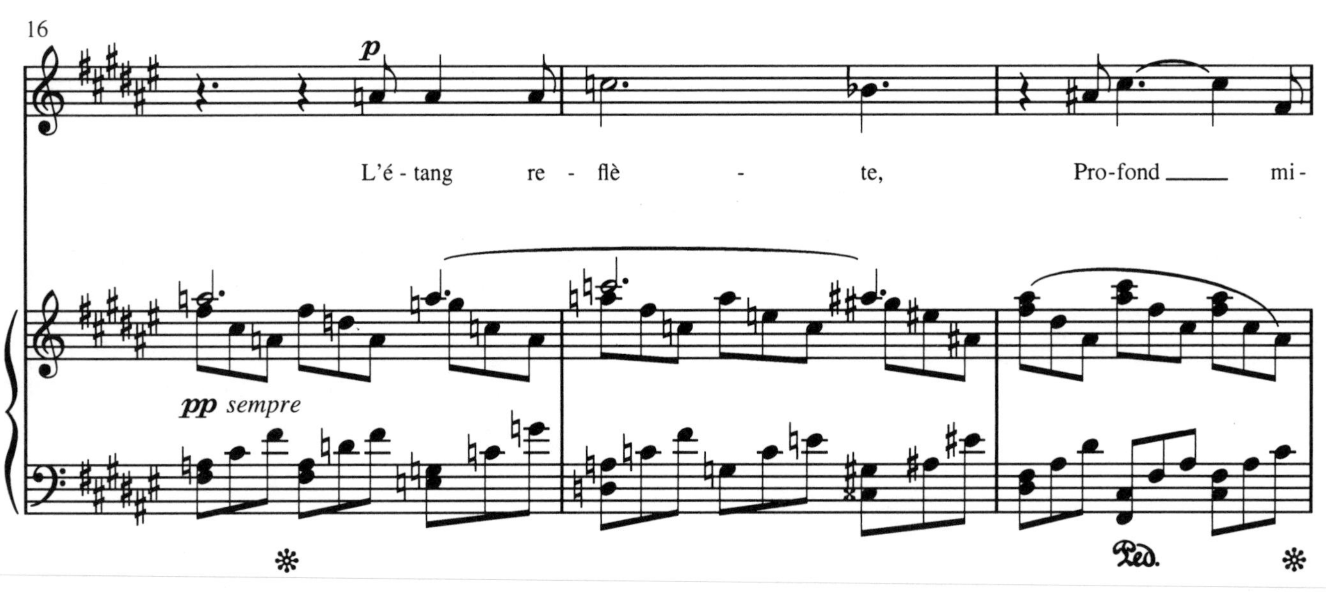
16
p
L'é - tang re - flè - te, Pro-fond mi-
pp sempre
Ped.

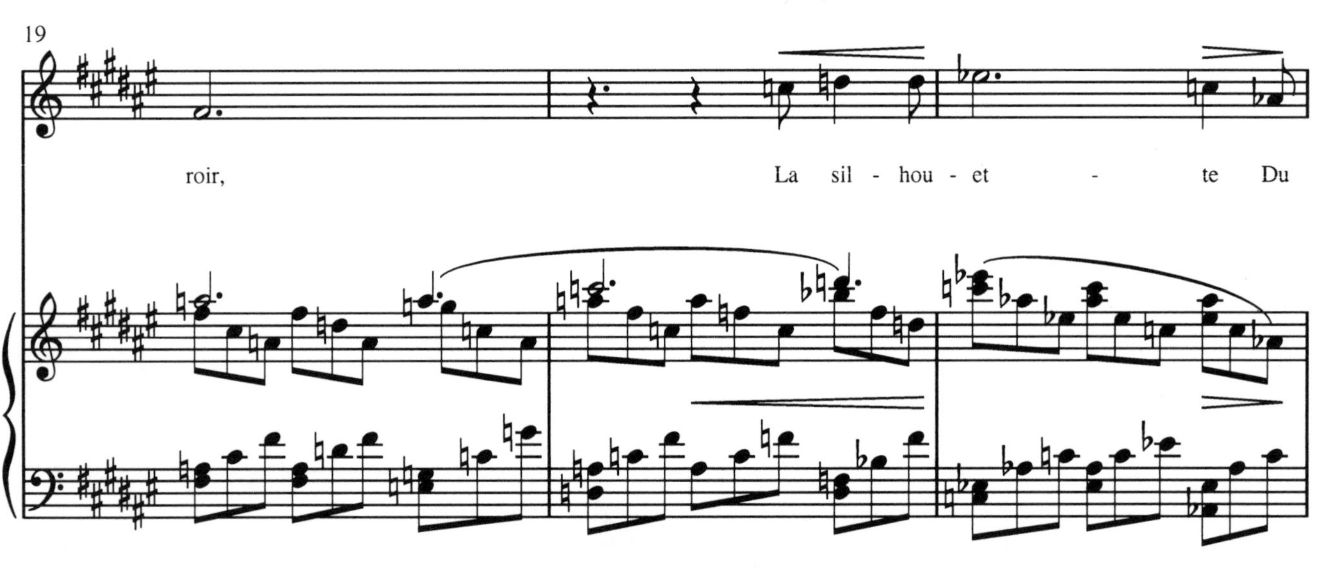
19
roir, La sil - hou - et - te Du

22
p
dolce
sau - le noir Où le vent pleu - re...
pp
Ped.

25
pp
Rê - vons, c'est
28
p
l'heu - re.
pp
cresc.
31
p
Un vaste et tendre A - pai - se -
ff
p
pp

34
ment Sem - ble des - cen - dre Du fir - ma - ment Que
Ped.
37
l'as - tre i - ri - se.
sempre pp
41
dolcissimo
C'est l'heu - re ex -
45
qui - se.
ppp

J'allais par des chemins perfides

1892

poem by Paul Verlaine

Op. 61. See "Une Sainte en son auréole" for notes on the entire song cycle, *Le bonne chanson.*

J'allais par des chemins perfides	*I Was Going Along Treacherous Roads*
J'allais par des chemins perfides, Douloureusement incertain. Vos chères mains furent mes guides.	*I was going along treacherous roads, Painfully uncertain. Your dear hands were my guides.*
Si pâle à l'horizon lointain Luisait un faible espoir d'aurore; Votre regard fut le matin.	*So pale in the distant horizon A feeble hope of dawn was shining; Your glance was the morning.*
Nul bruit, sinon son pas sonore, N'encourageait le voyageur. Votre voix me dit: «Marche encore!»	*No sound, other than her loud footstep, Was encouraging the traveler. Your voice said to me, "Keep walking!"*
Mon coeur craintif, mon sombre coeur Pleurait, seul, sur la triste voie; L'amour, délicieux vainqueur,	*My fearful heart, my gloomy heart Was weeping, alone, on the sad path; Love, that delightful conqueror,*
Nous a réunis dans la joie.	*Has reunited us in joy.*

11
p
dolce
tain, Vos chè - res mains fu - rent mes
p
cresc
16
f
mf
p
gui - des; Si pâle à l'ho-ri - zon loin-tain Lui - sait un faible es -
f
p
21
cresc.
poir d'au-ro - re; Vo - tre re - gard fut le ma - tin.
cresc.
26
mf
Nul bruit, si - non son pas so - no - re,
f
p

31
cresc.
f
N'en-cou-ra - geait le voy - a - geur. Vo - tre voix me dit: «Mar-che en -
cresc.
f
sempre f
36
sempre f
co - re!»
Ped.
41
dolce
Mon coeur crain - tif, mon som-bre coeur
mf
Pleur-ait, seul, sur la tris - te
pp
mf
46
dim.
p
un poco più mosso
p
voi - e;
L'a -
dolce
p

51
mour, dé - li - ci - eux vain - queur,
mf
56
p
Nous a ré - u - ni
p
60
f
dans la joi - - - -
f
63
p
e.
p
pp

J'ai presque peur, en vérité

1893

poem by Paul Verlaine

Op. 61. See "Une Sainte en son auréole" for notes on the entire song cycle, *Le bonne chanson.*

J'ai presque peur, en vérité	*In Truth I Am Almost Afraid*
J'ai presque peur, en vérité, Tant je sens ma vie enlacée A la radieuse pensée Qui m'a pris l'âme l'autre été,	*In truth I am almost afraid, So much do I feel my life intertwined With the radiant thought That captured my soul last summer,*
Tant votre image, à jamais chère, Habite en ce coeur tout à vous, Ce coeur uniquement jaloux De vous aimer et de vous plaire;	*So much does your image, forever dear, Live in this heart that totally belongs to you, This heart anxious solely To love you and to please you;*
Et je tremble, pardonnez-moi D'aussi franchement vous le dire, A penser qu'un mot, qu'un sourire De vous est désormais ma loi,	*And I tremble, forgive me For telling you so frankly, When I think that one word, one smile From you is henceforth my law,*
Et qu'il vous suffirait d'un geste, D'une parole ou d'un clin d'oeil, Pour mettre tout mon être en deuil De son illusion céleste.	*And that all it would take from you would be a gesture, A word or a wink, To put my whole being into mourning For the loss of its celestial illusion.*
Mais plutôt je ne veux vous voir, L'avenir dût-il m'être sombre Et fécond en peines sans nombre, Qu'à travers un immense espoir,	*But rather I do not want to see you, Even if the future were to be gloomy for me And fertile in numberless woes, Except through an immense hope,*
Plongé dans ce bonheur suprême De me dire encore et toujours, En dépit des mornes retours, Que je vous aime, que je t'aime!	*Plunged into this supreme happiness Of telling myself still and always, In spite of bleak reversals, That I love you, I love you, dear!*

* "Mon" in the original poem, changed by Fauré, perhaps inadvertently

17
mf
coeur u-ni-que-ment ja-loux De vous ai-mer et de vous
21
p
mf
plai - re; Et je trem-ble, par -
dim.
pp
25
dolce
don-nez-moi D'aus - si fran-che-ment vous le di - re, A pen -
p

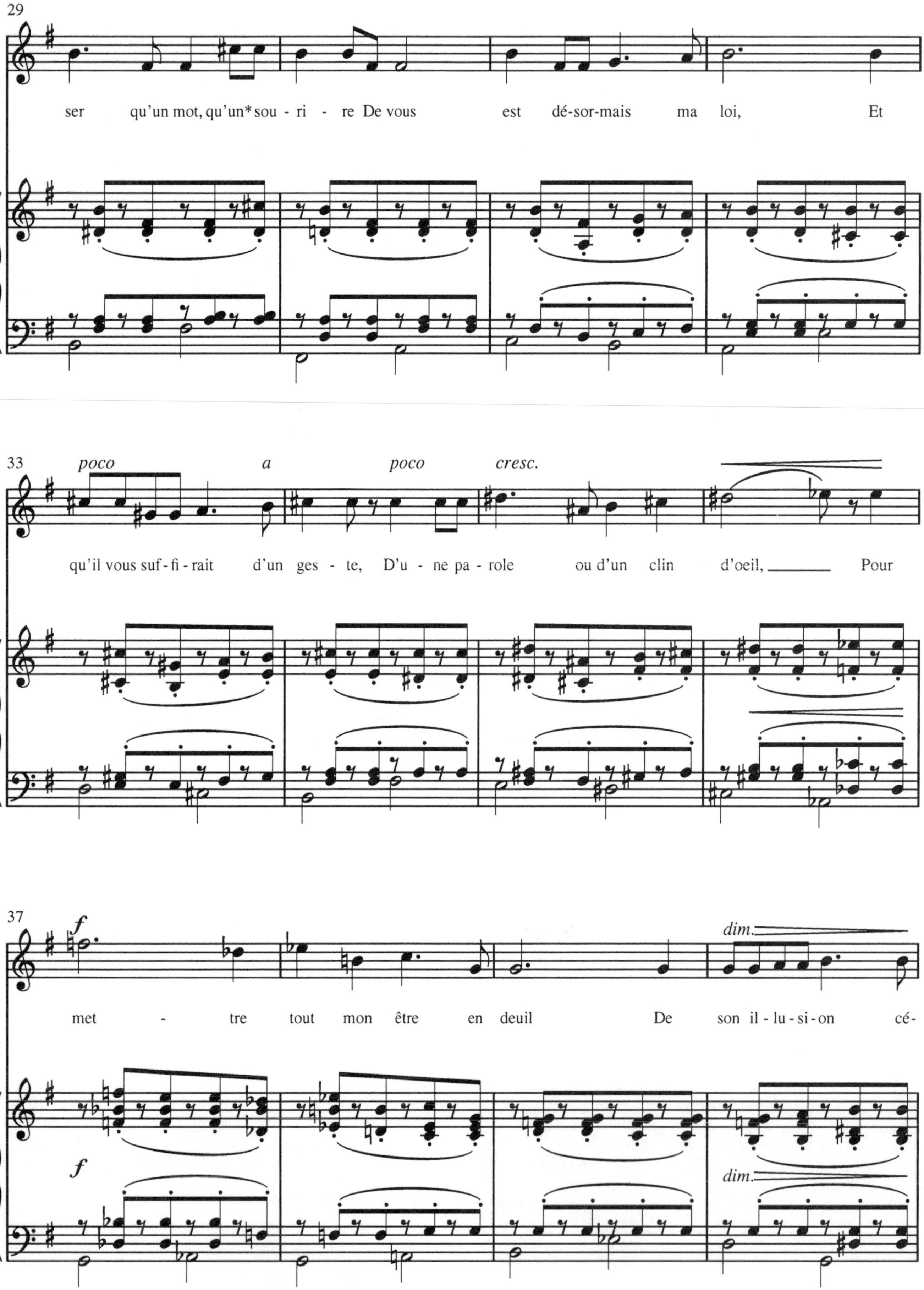

33 *poco a poco cresc.*

qu'il vous suf - fi - rait d'un ges - te, D'u - ne pa - role ou d'un clin d'oeil, _______ Pour

37 ***f*** *dim.*

met - tre tout mon être en deuil De son il - lu - si - on cé-

f *dim.*

* "un" in original poem, changed by Fauré, perhaps inadvertently

41
p
les - te.
p
Mais plu-tôt,
dolce
p
senza rall.
sempre p
45
je ne veux vous voir, L'a-ve - nir dût - il m'ê-tre som - bre Et fé -
poco a poco cresc.
poco a poco cresc.
49
f
cond en pei - nes sans nom - bre, Qu'à tra - vers un im - mense es -
f

53

p *p*

poir, ___ Plon - gé ___

pp sempre

57

3

___ dans ce bon - heur su - prê - me ___ De me

65
sempre animato
f
Que je vous ai - - - me,
f
Ped.
69
pp senza rall.
f
que je t'ai - - - - -
f
Ped.
Ped.
Ped.
73
p
- me!
pp
Ped.

original key

Avant que tu ne t'en ailles

1892

poem by Paul Verlaine

Op. 61. See "Une Sainte en son auréole" for notes on the entire song cycle, *Le bonne chanson.*

Avant que tu ne t'en ailles	*Before You Go Away*
Avant que tu ne t'en ailles, Pâle étoile du matin, —Mille cailles Chantent, chantent dans le thym.—	*Before you go away,* *Pale star of the morning, -* *"A thousand quails* *Are singing, singing in the thyme."*
Tourne devers le poète, Dont les yeux sont pleins d'amour, —L'alouette Monte au ciel avec le jour.—	*Turn toward the poet,* *Whose eyes are full of love, -* *"The lark* *Is rising into the sky with the daylight."*
Tourne ton regard que noie L'aurore dans son azur; —Quelle joie Parmi les champs de blé mûr!—	*Turn your gaze that* *The dawn is drowning in its azure hue; -* *"What joy there is* *Among the fields of ripe wheat!"*
Puis* fais luire ma pensée Là-bas, --bien loin, oh! bien loin! —La rosée Gaîment brille sur le foin.—	*And make my thought shine* *Over there, - very far, oh! very far!* *"The dew* *Is gaily glistening upon the hay."*
Dans le doux rêve où s'agite Ma mie endormie encor... —Vite, vite, Car voici le soleil d'or.—	*In the gentle dream in which* *My beloved, still asleep, is agitated...* *"Quickly, quickly,* *For here is the golden sun."*

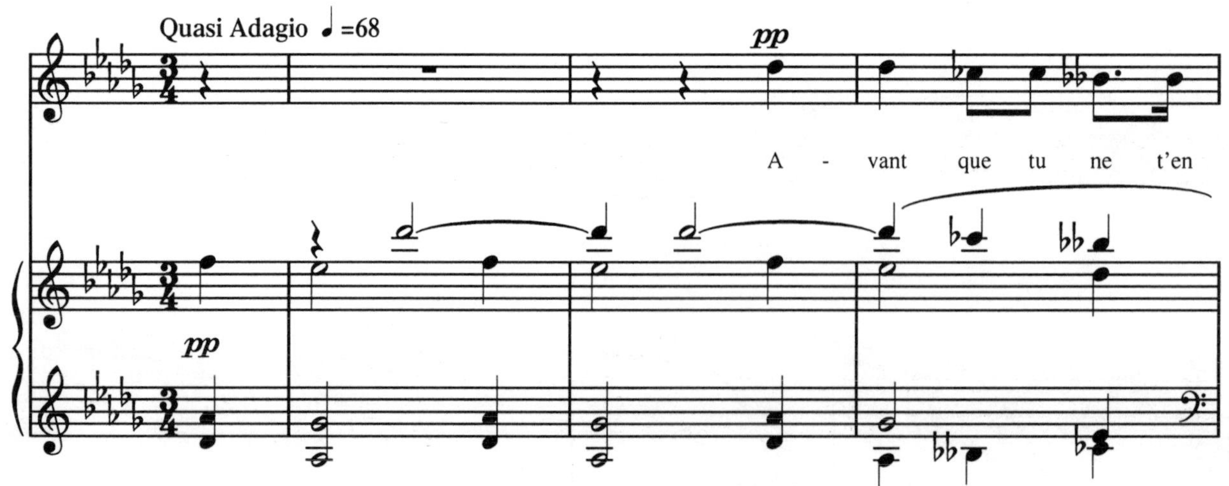

4
ail - les, Pâle é - toi - le du ma - tin,
8
Allegro moderato ♩ = 96
p
cresc.
–Mil - le cail - les chan - tent,
8va
11
f
chan - tent dans le thym.–
(8va)
3
Ped.

14
Quasi Adagio ♩=68
dolce
Tour - ne de-vers le po-
rall.
pp
17
è - te Dont les yeux sont pleins d'a - mour,
21
Allegro moderato ♩ = 96
p
cresc.
–L'a-lou - et - te Monte au
8va
pp

24
f
ciel a - vec le jour.–
(8va)
f
Ped.
27
Adagio ♩ = 68
p
Tour - ne ton re -
rall.
p
pp
30
gard que noi - e L'au - ro - re dans son a - zur,

34
Allegro moderato ♩ = 96
p
–Quel - le joi -
pp
37
cresc.
3
e Par - mi les champs de blé mûr!–
f
40
espressivo
sempre f

* "Puis" in original poem

55
p
–La ro -
pp
58
cresc.
sé - e, Gaî - ment bril - le sur le
cresc.
61
f
foin.–
f
f
64
p
Dans le doux rê - ve où s'a - gi - te Ma
pp
molto legato

67
mie en - dor - mie en - cor...
cresc.
–Vi - te,
cresc.
70
molto
vi - te,
molto
f sempre
73
f
sempre
Car voi - ci
le so - leil
76
d'or.–
f
8va
p

original key

Donc, ce sera par un clair jour d'été

1892

poem by Paul Verlaine

Op. 61. See "Une Sainte en son auréole" for notes on the entire song cycle, *Le bonne chanson.*

Donc, ce sera par un clair jour d'été	*So It Will Be on a Clear Summer Day*
Donc, ce sera par un clair jour d'été: Le grand soleil, complice de ma joie, Fera, parmi le satin et la soie, Plus belle encor votre chère beauté;	*So, it will be on a clear summer day: The big sun, taking part in my joy, Will make, amidst the satin and the silk, Your dear beauty even more beautiful.*
Le ciel tout bleu, comme une haute tente, Frissonnera somptueux à longs plis Sur nos deux fronts heureux qu'auront pâlis L'émotion du bonheur et l'attente;	*The clear blue sky, like a tall tent, Sumptuous with long folds, will quiver Over our two foreheads that will have turned pale From the excitement of happiness and from waiting;*
Et quand le soir viendra, l'air sera doux Qui se jouera, caressant, dans vos voiles, Et les regards paisibles des étoiles Bienveillamment souriront aux époux.	*And when evening comes, the air will be sweet Which will play caressingly with your veils, And the peaceful gaze of the stars Will smile kindly on the married couple.*

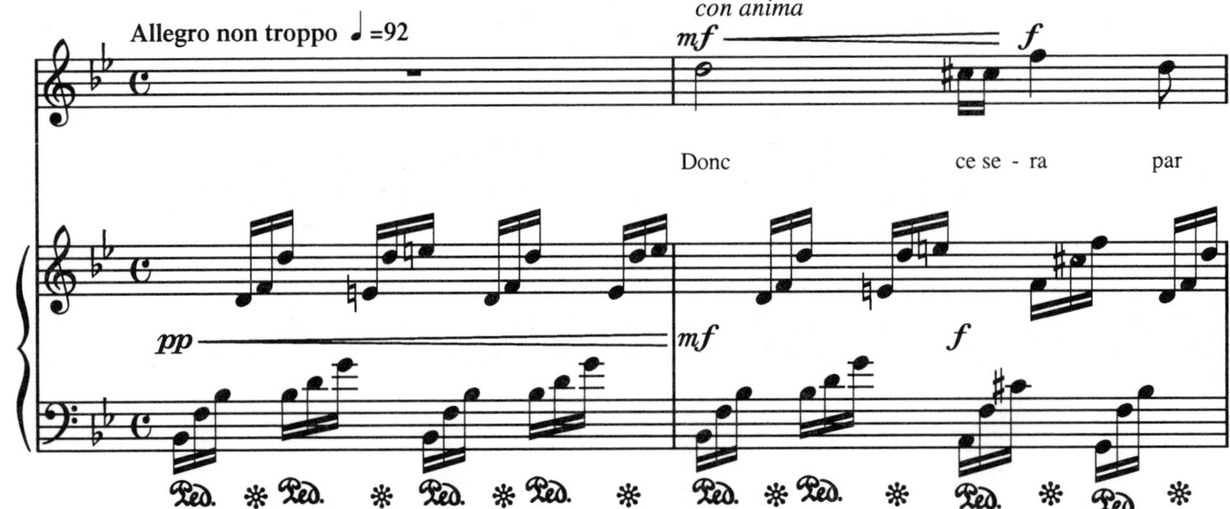

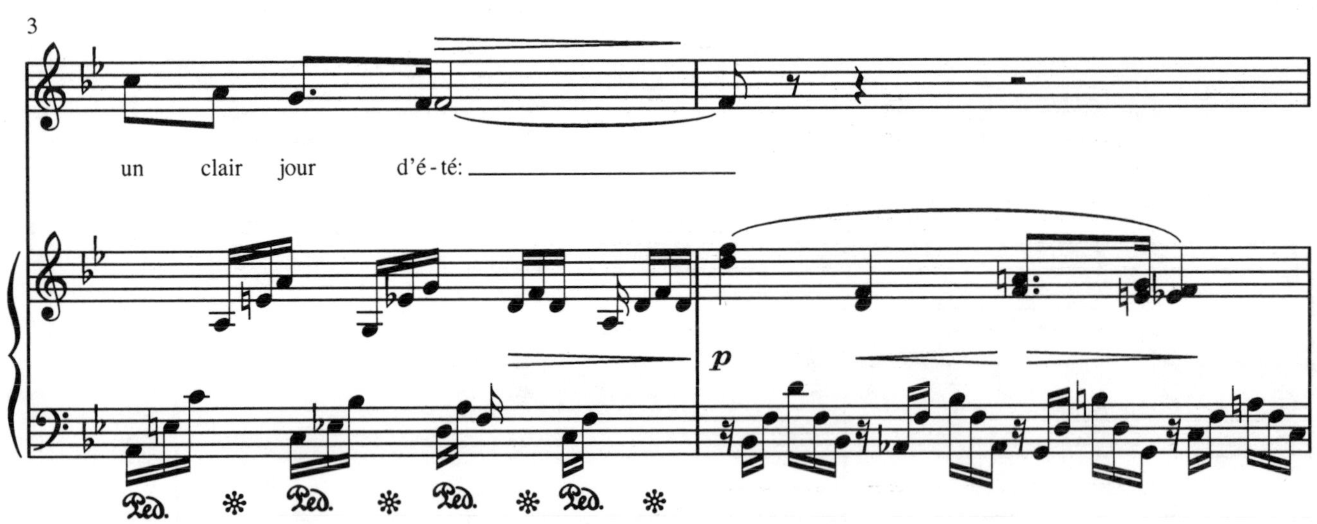

5
mf
Le grand so - leil, com -
6
pli - ce de ma joi - e,
7
p
Fe - ra, par -
8
3
3
mi - le sa - tin et la soi - e, Plus

242
9
cresc.
belle en - co - - re
cresc.
10
mf
vo - - - - - - tre
11
f
dimin.
chè - re beau - té;
f
dimin.
12
p
p

13
f
Le ciel tout
f
14
3
bleu, comme u - ne hau - te
15
ten - - - te, Fris -
p
16
poco a poco
son - ne - ra somp - tu -
poco a poco

17

eux à longs

Ped. ❋ Ped. ❋ Ped. ❋ Ped. ❋

22
f
sempre
et l'at - ten - te;
f
sempre
24
poco a poco dimin. e molto rall.
26
p
Molto più lento ♩ = 72
pp sempre
28
dolce
Et quand le soir vien-
2

31
dra, l'air se - ra doux Qui se joue -
2
33
ra, ca - res - sant, dans vos voi - -
35
cresc.
les, Et
37
les re - gards pai - si - bles des é -
2

39
pp
sempre dolce
toi - les Bien - veil - lam-ment
2
pp
42
sou - ri - ront aux é - poux.
2
Ped.
45
2

original key

N'est-ce pas?

1893

poem by Paul Verlaine

Op. 61. See "Une Sainte en son auréole" for notes on the entire song cycle, *Le bonne chanson.*

N'est-ce pas?	*It Not So?*
[...] N'est-ce pas? nous irons, gais et lents, dans la voie Modeste que nous montre en souriant l'Espoir, Peu soucieux qu'on nous ignore ou qu'on nous voie.	*Is it not so? We will go, gaily and slowly, on the* *Modest path that Hope shows us as it smiles,* *Caring little whether people ignore us or see us.*
Isolés dans l'amour ainsi qu'en un bois noir, Nos deux coeurs, exhalant leur tendresse paisible, Seront deux rossignols qui chantent dans le soir. [...]	*Isolated in love as in a dark wood,* *Our two hearts, breathing out their peaceful tenderness,* *Will be two nightingales singing in the evening.*
Sans nous préoccuper de ce que nous destine Le Sort, nous marcherons pourtant du même pas, Et la main dans la main, avec l'âme enfantine	*Without worrying about what Fate destines for us,* *We will however walk with an even pace,* *And hand in hand, with the childlike soul*
De ceux qui s'aiment sans mélange, n'est-ce pas?	*Of those who love one another unreservedly, is it not so?*

7
p
montre en sou - ri - ant l'Es - poir, Peu sou - ci-
10
eux qu'on nous i - gnore ou qu'on nous voie.
Ped.
13
Ped.
Ped.
16
p
I - so - lés dans l'a - mour
p
Ped.
Ped.
Ped.

19
ain - si qu'en un bois
p
22
p
noir,
cresc.
Nos deux
25
f
coeurs
ex - ha - lant leur ten -
cresc
f
28
dres - se pai - si - ble,
p
mf

31
p
poco cresc.
Se -
pp
34
f
ront deux ros - si - gnols qui chan -
37
p
- - - tent dans le
40
pp
soir.

44
p
Sans nous pré - oc - cu -
p
47
per de ce que nous des - ti - ne Le Sort, nous
50
mar - che - rons pour - tant du mê - me pas,
53
mf
Et la main dans la main, a - vec
f
p

56
l'âme enfan - ti - ne
De ceux qui
cresc. poco a poco
59
cresc.
s'ai - ment sans mé - lan - ge.
f
f
marcato
62
p
N'est - ce pas?
pp
66

L'Hiver a cessé

1894

poem by Paul Verlaine

Op. 61. See "Une Sainte en son auréole" for notes on the entire song cycle, *Le bonne chanson.*

L'Hiver a cessé	*Winter Has Ended*
L'hiver a cessé: la lumière est tiède Et danse, du sol au firmament clair. Il faut que le coeur le plus triste cède A l'immense joie éparse dans l'air. [...]	*Winter has ended: the light is mild* *And is dancing, from the ground to the clear firmament.* *The saddest heart must yield* *To the immense joy scattered through the air.*
J'ai depuis un an le printemps dans l'âme Et le vert retour du doux floréal, Ainsi qu'une flamme entoure une flamme, Met de l'idéal sur mon idéal.	*For a year I have had spring in my soul,* *And the green return of the sweet spring season,* *Just as a flame surrounds a flame,* *Puts more ideal on my ideal.*
Le ciel bleu prolonge, exhausse et couronne L'immuable azur où rit mon amour. La saison est belle et ma part est bonne Et tous mes espoirs ont enfin leur tour.	*The blue sky prolongs, raises and crowns* *The unchangeable azure where my love is laughing.* *The season is beautiful and my portion is good* *And all my hopes finally get their turn.*
Que vienne l'été! que viennent encore L'automne et l'hiver! Et chaque saison Me sera charmante, ô Toi que décore Cette fantaisie et cette raison!	*Let summer come! Let* *Autumn and winter come also! And each season* *Will be charming to me, o You who are adorned* *By this fantasy and this reason!*

5
3
3
3
3

6
f
(♭)

7
(♭)
dimin.

8
p
cresc.

9
mf
L'hi - ver

10
f
a ces -
f *p*

11
sé:
pp

12
p
la lu - mière est

13
tiè - de
Et
14
dan - se,
du
15
sol au fir - ma - ment

16

f *sempre*

clair. Il faut

f

17

3

que le coeur le plus tris - te

18

cè - de A l'im -

19

cresc.

men - se joie é -

cresc.

20
par - - - - - se dans
f
f
21
l'air.
f sempre
Ped.
22
p
23
dolce
J'ai de - puis un an le prin -
pp

24
temps dans l'â - - - me
25
Et le vert re - tour du
26
p
doux flo - ré - al, Ain -
p
27
poco a poco cresc.
si qu'u - ne flamme en -
poco a poco cresc.

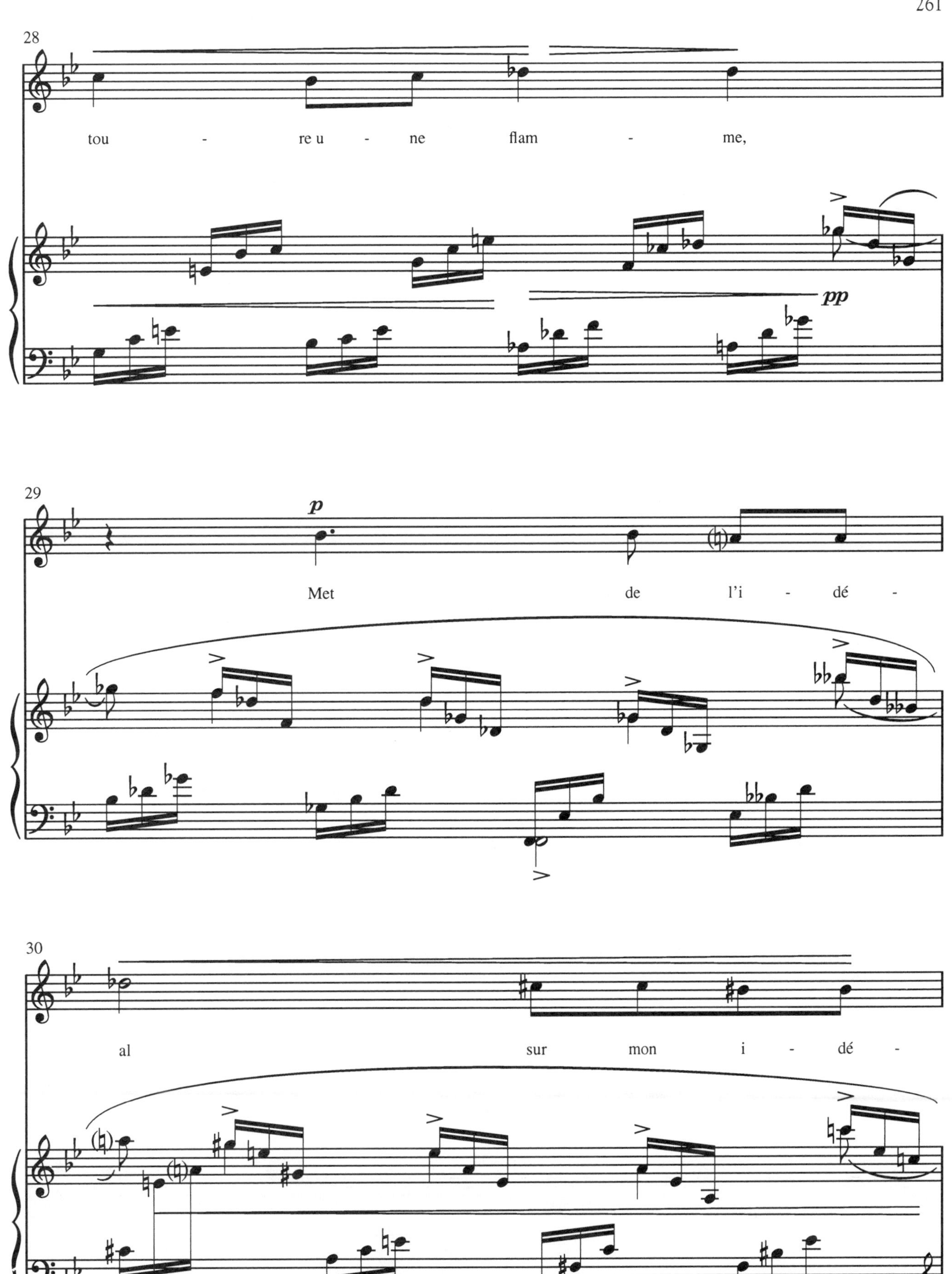
28
tou - re u - ne flam - me,
pp
29
p
Met de l'i - dé -
30
al sur mon i - dé -

31

f

al.

f

32

p *dolce*

Le ciel bleu pro -

p

dim

33

longe, ex - hausse et cou -

pp

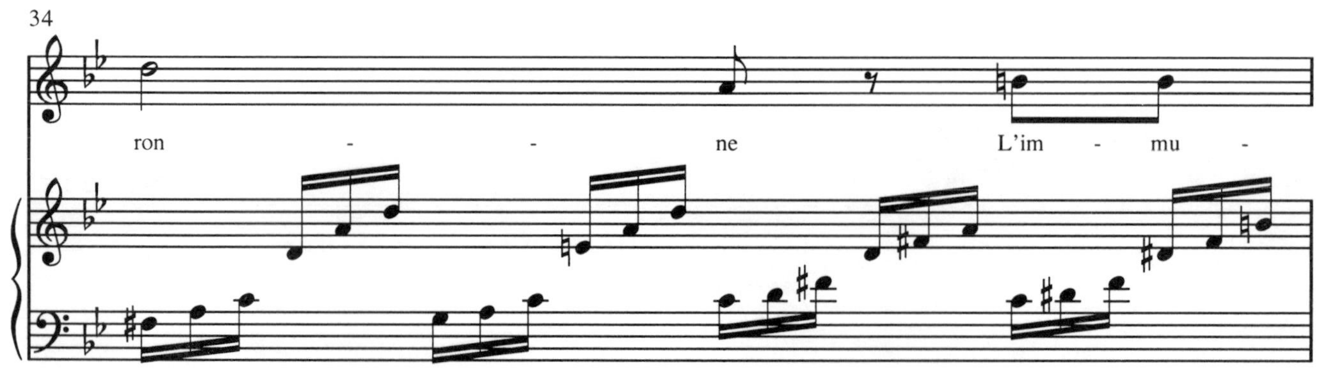

35
able a - zur où rit mon a -
3
36
mf
mour. La sai - son est
p
37
p
bel - le et ma part est
p
38
p
cresc.
bon - ne Et tous mes es -
p
cresc.

39
poirs ont en - fin leur
40
tour. Que
41
vien - - - ne l'é - té!
3
42
que vien - nent en -

43
3
co - re L'au - tomne et l'hi -
44
f
p
ver!
Et
f
p
Ped.
Ped.
45
cha - que sai - son Me se -
Ped.
Ped.
46
ra char - man - - - - -
Ped.
Ped.
Ped.

47
Ped.
48
te,
Ped.
più lento
Andante moderato
49
mf
espr.
ô
Toi
que dé -
8va
p
Ped.
51
co - re
p
Cet - te fan - tai -
dolcissimo

53
L'istsesso tempo
f
dimin.
sie
et
cet
-
te
rai
-
f

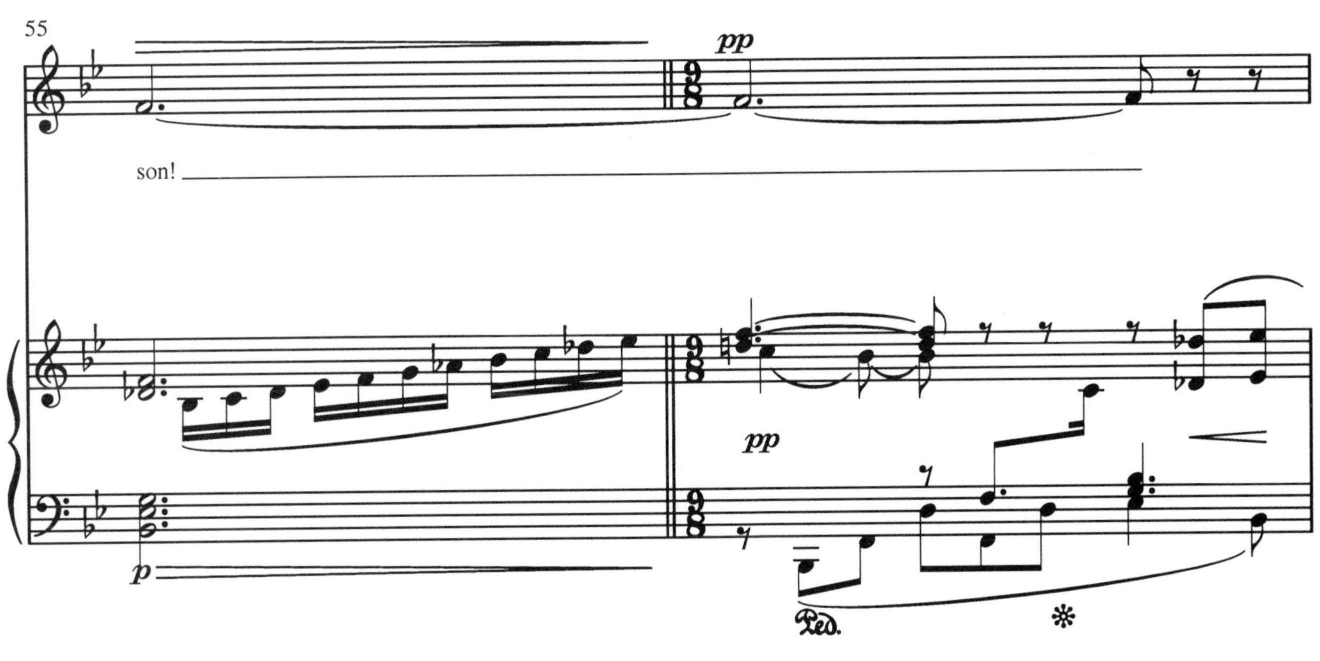
55
pp
son!
pp
p

57

original key: E minor

Arpège

1897

poem by Albert Samain

Op. 76, no. 2. Dedicated to Madame Charles Dettelbach. Published in London by Metzler, 1897; Hamelle, 1897; third collection, no. 13. First performance, Société nationale de musique, April 30, 1898, Thérèse Roger, soprano.

Arpège	*Arpeggio*
L'âme d'une flûte soupire Au fond du parc mélodieux; Limpide est l'ombre où l'on respire Ton poème silencieux,	*The soul of a flute is sighing* *At the far end of the melodious park;* *Limpid is the shadow where one breathes in* *Your silent poem,*
Nuit de langueur, nuit de mensonge, Qui poses d'un geste ondoyant Dans ta chevelure de songe La lune, bijou d'Orient.	*Night of languor, night of lies,* *You who set, with an undulating gesture,* *In your hair of dreams* *The moon, that jewel of the Orient.*
Sylva, Sylvie et Sylvanire, Belles au regard bleu changeant, L'étoile aux fontaines se mire, Allez par les sentiers d'argent,	*Sylva, Sylvie and Sylvanire,* *Beauties with a changing blue gaze,* *The star views itself in the fountains,* *Go through the silvery path,*
Allez vite - l'heure est si brève! Cueillir au jardin des aveux Les coeurs qui se meurent du rêve De mourir parmi vos cheveux...	*Go quickly - the hour is so short!* *To gather in the garden of avowals* *The hearts that are dying from the dream* *Of dying amidst your hair...*

6
eux
Lim - pide est l'ombre où l'on res -
tr
8
pi - re Ton po - è - me si - len - ci -
10
eux, Nuit de lan - gueur, nuit de men -
tr
12
son - ge, Qui po - ses, d'un geste on - do -

14 *cresc.*

yant, Dans ta che - ve - lu - re de son - ge ______ La

cresc.

16 *mf*

lu - ne ______ bi - jou d'O - ri -

mf

18

ent. ______

p *mf*

20 *dolce*

Syl - va, Syl - vie et Syl - va -

p

22
ni - re
Bel - les au
24
p
re - gard bleu chan - geant,
L'é -
p
26
toile aux fon - tai - nes se mi - re,
28
cresc.
Al - lez par les sen - tiers d'ar - gent,
cresc.

30

p

Al - lez

tr

p

32

vi - te– l'heure est si brè - ve! Cueil-

pp

34

cresc. poco a poco

lir au jar - din des a - veux Les

cresc. poco a poco

cresc.

cresc.

36

cœurs qui se meu - rent du

f

f

38
dim.
- ve De mou - rir par -
dim.
40
p
mi vos che - veux...
42
tr
pp
44
tr

original key: E-flat minor

Prison

1894

poem by Paul Verlaine

Op. 83, No. 1. Published by E. Fromont, Paris, 1896, with op. 51 no. 1; London, Metzler, 1897, with op. 68 no.1; Hamelle, 1897, in: second collection, numbered op. 73, no. 1, then (1908) third collection, numbered op. 83, no. 1. From Paul Verlaine's collection *Sagesse.*

Prison [original poem untitled]	*Prison*
Le ciel est, par-dessus le toit, Si bleu, si calme! Un arbre, par-dessus le toit, Berce sa palme.	*The sky is, above the rooftops, So blue, so calm! A tree, above the rooftops, Is rocking its branch.*
La cloche, dans le ciel qu'on voit, Doucement tinte. Un oiseau sur l'arbre qu'on voit Chante sa plainte.	*The bell, in the sky that one can see, Is gently tolling. A bird in the tree that one can see Is singing its lament.*
Mon Dieu, mon Dieu, la vie est là, Simple et tranquille. Cette paisible rumeur-là Vient de la ville.	*My God, my God, life is out there, Simple and quiet. That peaceful hum Is coming from the city.*
—Qu'as-tu fait, ô toi que voilà Pleurant sans cesse, Dis, qu'as-tu fait, toi que voilà, De ta jeunesse?	*"What have you done, you over there Weeping incessantly, Say, what have you done, you over there, With your youth?"*

4
cal - me! Un ar - bre, par de - sus le toit, Ber - ce sa
Ped.
7
pal - me. La clo - che, dans le ciel qu'on voit, Dou - ce - ment
Ped.
10
tin - te, Un oi - seau sur l'ar - bre qu'on voit, Chan - te sa
Ped.

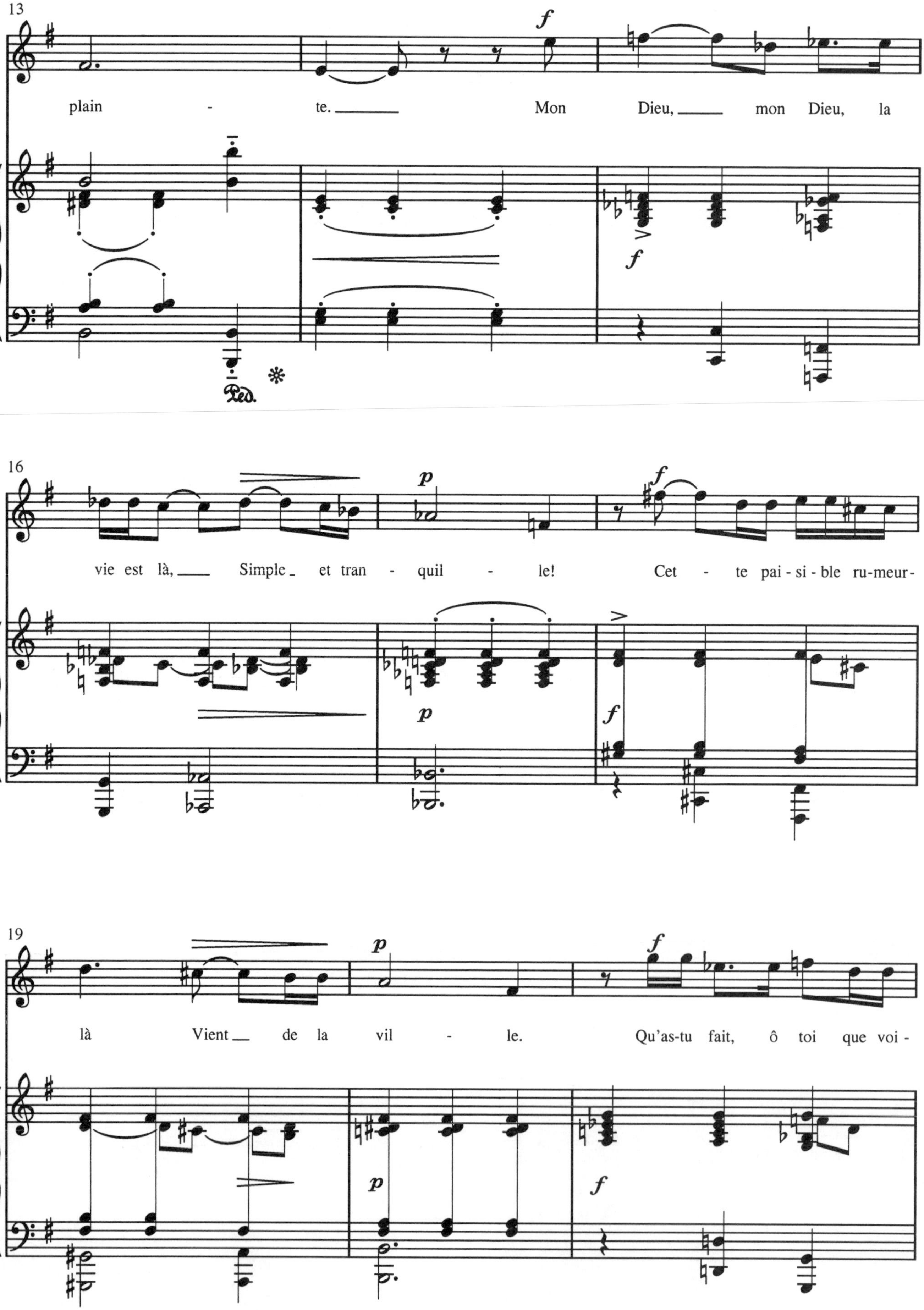

13

f

plain - te. Mon Dieu, mon Dieu, la

f

Ped. *

16

p *f*

vie est là, Simple et tran - quil - le! Cet - te pai - si - ble rumeur-

p *f*

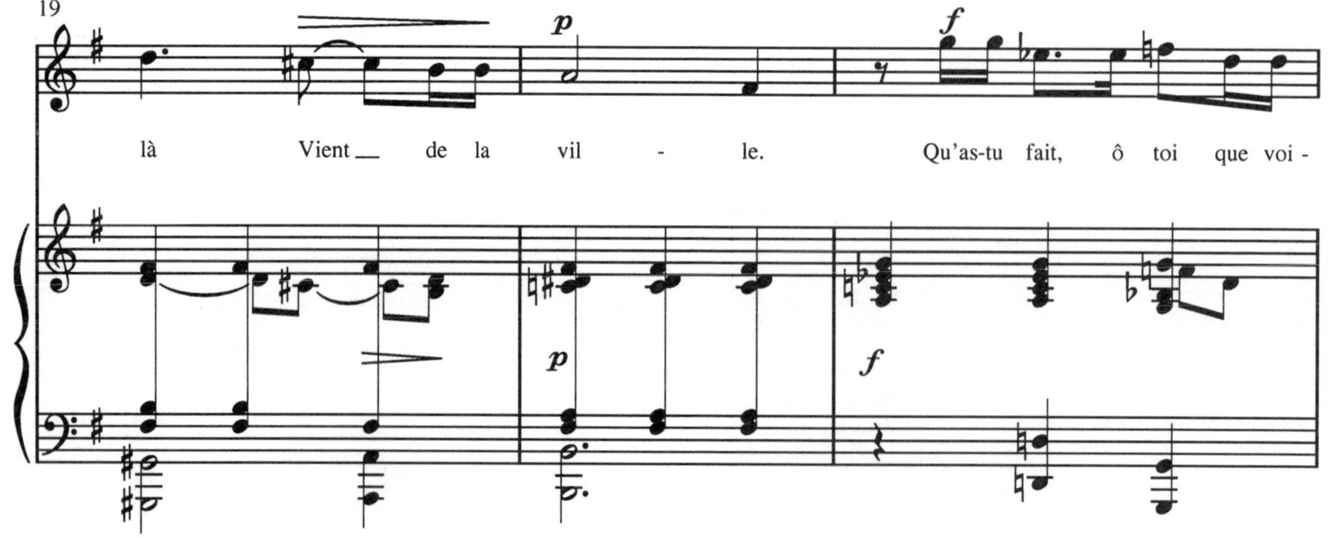

22
dim.
là, Pleu-rant sans ces - se Dis, qu'as-tu
p
25
p
pp
fait, toi que voi-là, De ta jeu-
pp
28
nes - se?
ppp

original key: D-flat major

Soir

1894
poem by Albert Samain

Op. 83, no. 2. Published by E. Fromont, Paris, 1896, numbered op. 68, no. 2; London, Metzler, 1896, numbered op. 68, no.2; Hamelle, 1897, in: second collection, numbered op. 73, no. 2, then (1908) third collection, numbered op. 83, no.2. Orchestrated by Louis Aubert.

Soir
original poem title: Elégie]

[...] Voici que les jardins de la Nuit vont fleurir.
Les lignes, les couleurs, les sons deviennent vagues.
Vois, le dernier rayon agonise à tes bagues.
Ma soeur, entends-tu pas quelque chose mourir!...

Mets sur mon front tes mains fraîches comme une eau pure,
Mets sur mes yeux tes mains douces comme des fleurs;
Et que mon âme, où vit le goût secret des pleurs,
Soit comme un lys fidèle et pâle à ta ceinture.

C'est la Pitié qui pose ainsi son doigt sur nous;
Et tout ce que la terre a de soupirs qui montent,
Il semble qu'à mon coeur enivré le racontent
Tes yeux levés au ciel si tristes et si doux.

Evening

Lo, the gardens of Night are going to flower.
The lines, the colors, the sounds are becoming vague.
See, the last ray is expiring upon your rings.
My sister, do you not hear something dying?

Place upon my forehead your hands cool as pure water,
Place upon my eyes your hands sweet as flowers;
And may my soul, in which there lives a secret taste for tears,
Be like a faithful and pale lily at your waist.

It is Pity who thus places her finger upon us;
And all that earth contains of mounting sighs,
It seems that they are told to my enraptured heart
By your eyes raised toward the sky, so sad and so gentle.

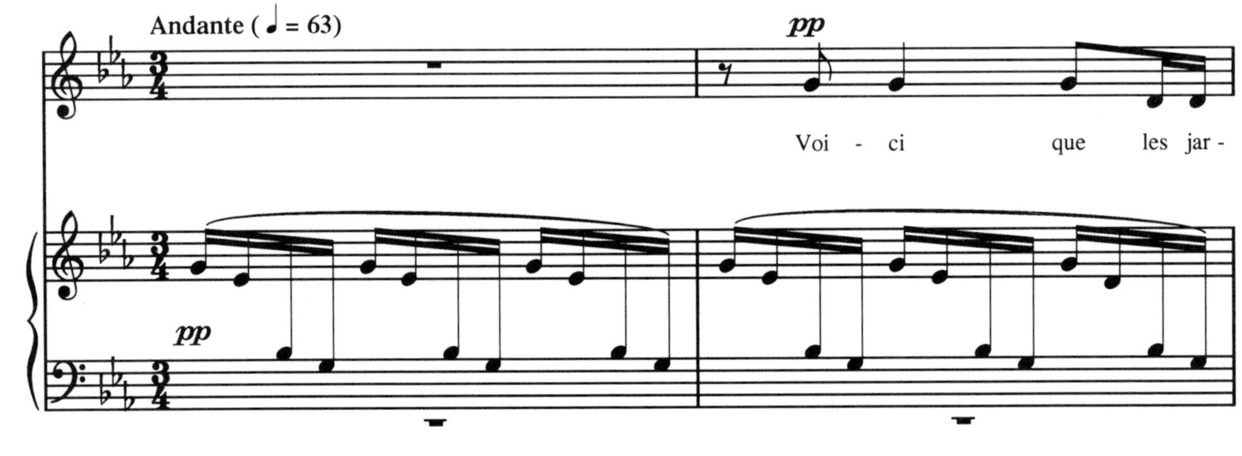

5
li - gnes, les cou - leurs,
les sons
de - vien - nent
7
va - gues.
Vois,
le der - nier ra - yon
a - go - nise
à tes
9
ba - gues.
Ma sœur,
en - tends - tu pas
11
p
quel-que cho - se mou - rir?
dolce sempre
Mets sur mon
pp
sempre pp

13
front tes mains fraî - ches comme une eau pu - re, Mets sur mes

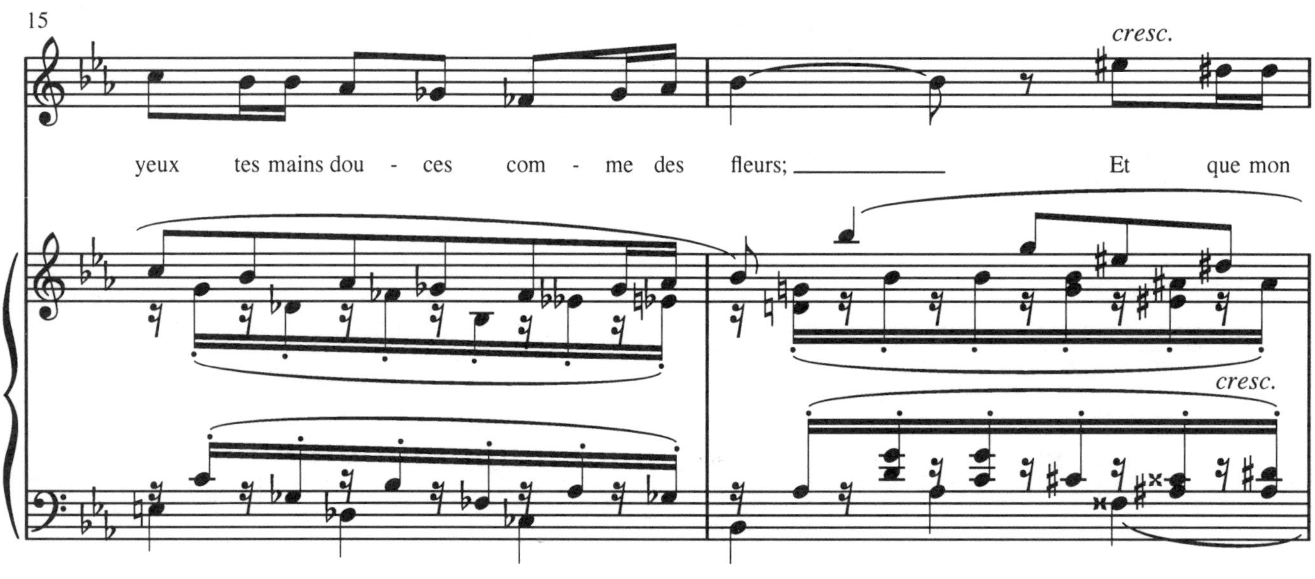
15
cresc.
yeux tes mains dou - ces com - me des fleurs; Et que mon
cresc.

17
p
âme, où vit le goût se - cret des pleurs, Soit
dolce

19
cresc.
comme un lys fi - dèle et pâle à ta cein -
3
21
f
tu - re.
f
dim
23
p
C'est la Pi - tié qui pose ain - si son doigt sur
p
25
poco a poco
nous, Et tout ce que la terre a de sou-pirs qui mon - tent, Il
poco a poco

28
cresc.
sem - ble qu'à mon cœur en - i - vré le ra -
cresc.
30
f
con - tent Tes yeux le - vés au
sempre f
f
32
ciel, si tris - tes et si
p
p
35
pp
doux.
pp

original key: G-flat major

Dans la forêt de septembre

1902

poem by Catulle Mendès

Op. 85, no.1. Dedicated to Mademoiselle Lydia Eustis. Published by Hamelle, 1902; third collection, no. 18.

Dans la forêt de septembre	*In the September Forest*
Ramure aux rumeurs amollies, Troncs sonores que l'âge creuse, L'antique forêt douloureuse S'accorde à nos mélancolies.	*Foliage with softened murmurs, Resonant trunks hollowed by age, The ancient sorrowful forest Is in harmony with our melancholy.*
O sapins agriffés au gouffre, Nids déserts aux branches brisées, Halliers brûlés, fleurs sans rosées, Vous savez bien comme l'on souffre!	*O fir trees clinging to the abyss, Deserted nests with broken branches, Burned thickets, flowers without dew, You well know how people suffer!*
Et lorsque l'homme, passant blême, Pleure dans le bois solitaire, Des plaintes d'ombre et de mystère L'accueillent en pleurant, de même.	*And when man, that pale passer-by, Weeps in the lonely forest, Laments of shadow and of mystery Welcome him, similarly weeping.*
Bonne forêt! promesse ouverte De l'exil que la vie implore, Je viens d'un pas alerte encore Dans ta profondeur encor verte.	*Good forest! open promise Of the exile that life implores, I come with a step still brisk Into your still green depth.*
Mais d'un fin bouleau de la sente Une feuille, un peu rousse, frôle Ma tête et tremble à mon épaule; C'est que la forêt vieillissante,	*But from a slender birch tree by the footpath A leaf, slightly red, brushes against My head and trembles at my shoulder; This means that the aging forest,*
Sachant l'hiver où tout avorte, Déjà proche en moi comme en elle, Me fait l'aumône fraternelle De sa première feuille morte!	*Knowing winter, in which everything fails to grow, To be already near to me as to her, Is bestowing brotherly alms upon me, With its first dead leaf!*

5
Troncs so - no - res que l'â - ge creu - se, L'an - ti - que fo - rêt dou - lou -
8
reu - se S'ac - cor - de à nos mé - lan - co - li - es.
p
11
O sa - pins a - grif - fés au gouf - fre,
13
Nids dé - serts aux bran - ches bri - sé - es, Hal - liers brû -

15
mf
lés, fleurs sans ro - sé - es,
mf
17
p
Vous sa - vez bien com - me l'on souf - fre!
p
19
dolce
3
Et lors - que l'hom - me, pas-sant blê - me,
pp
22
Pleu - re dans le bois so - li - tai - re, Des plain - tes d'ombre et de mys-

25
p
tè - re L'ac - cueil - lent en pleu-rant, de mê - me.
p
dolce
28
p
Bon - ne fo - rêt! pro - messe ou -
30
ver - te de l'e - xil que la vie im - plo - re,
32
Je viens d'un pas a - lerte en -

34
poco cresc.
co - re Dans ta pro - fon - deur en - cor ver - te.
36
dolce
Mais d'un fin bou - leau de la sen - te, U - ne
p dolce
38
feuil - le, un peu rous - se, frô - le Ma tê - te et trem - ble à mon é -
40
pau - le;
espressivo
cresc
f

43
p
C'est que la fo-rêt vieil-lis - san - te, Sa - chant l'hi-ver où tout a -
p dolce
46
vor - te, Dé-jà pro - che en moi comme en el - le, Me
49
f
fait l'au-mô - ne fra-ter-nel - le De sa pre - miè - re feuil - le
f
p
p
52
mor - te!